河出文庫

中央線をゆく、大人の町歩き

鉄道、地形、歴史、食

鈴木伸子

河出書房新社

中央線をゆく、大人の町歩き　目次

都心を駆けるオレンジ電車

武蔵野、多摩へ

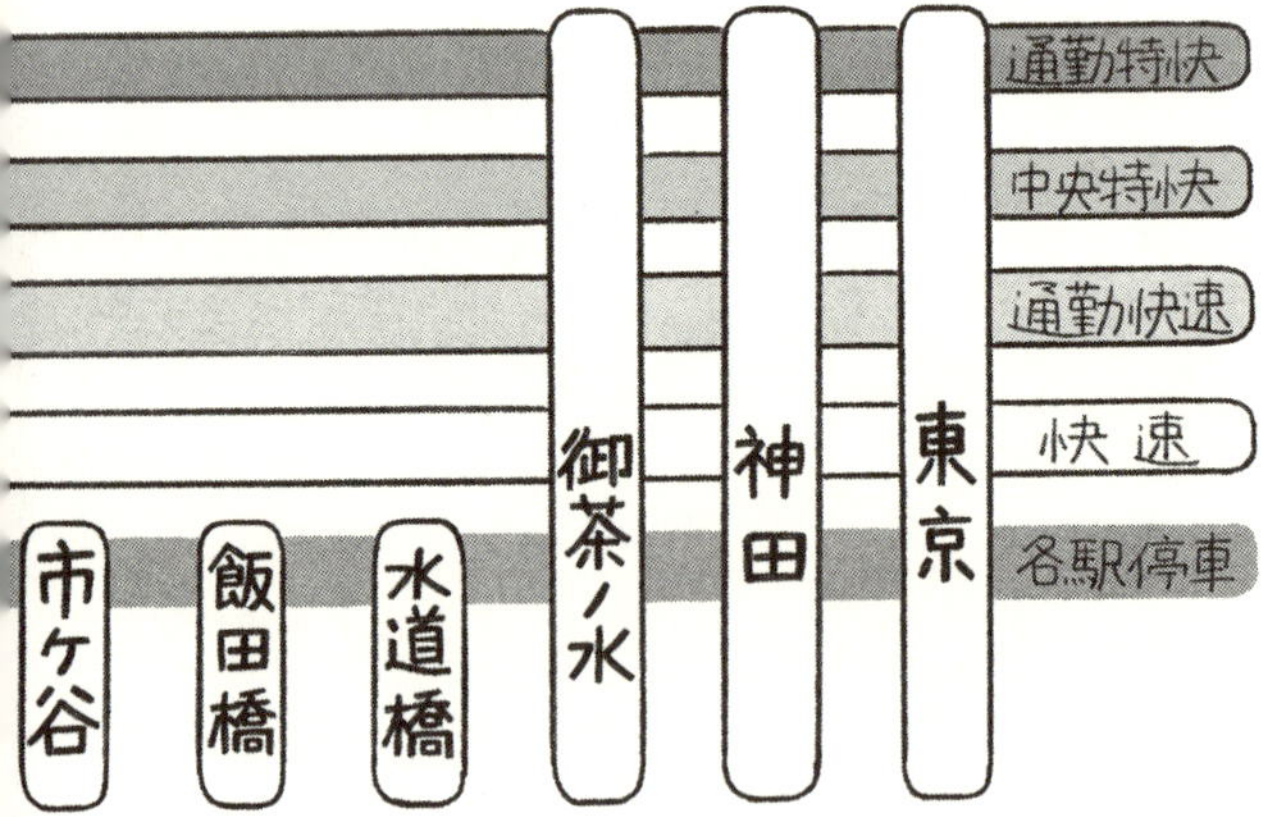

通勤特快
中央特快
通勤快速
快速
各駅停車
市ケ谷
飯田橋
水道橋
御茶ノ水
神田
東京

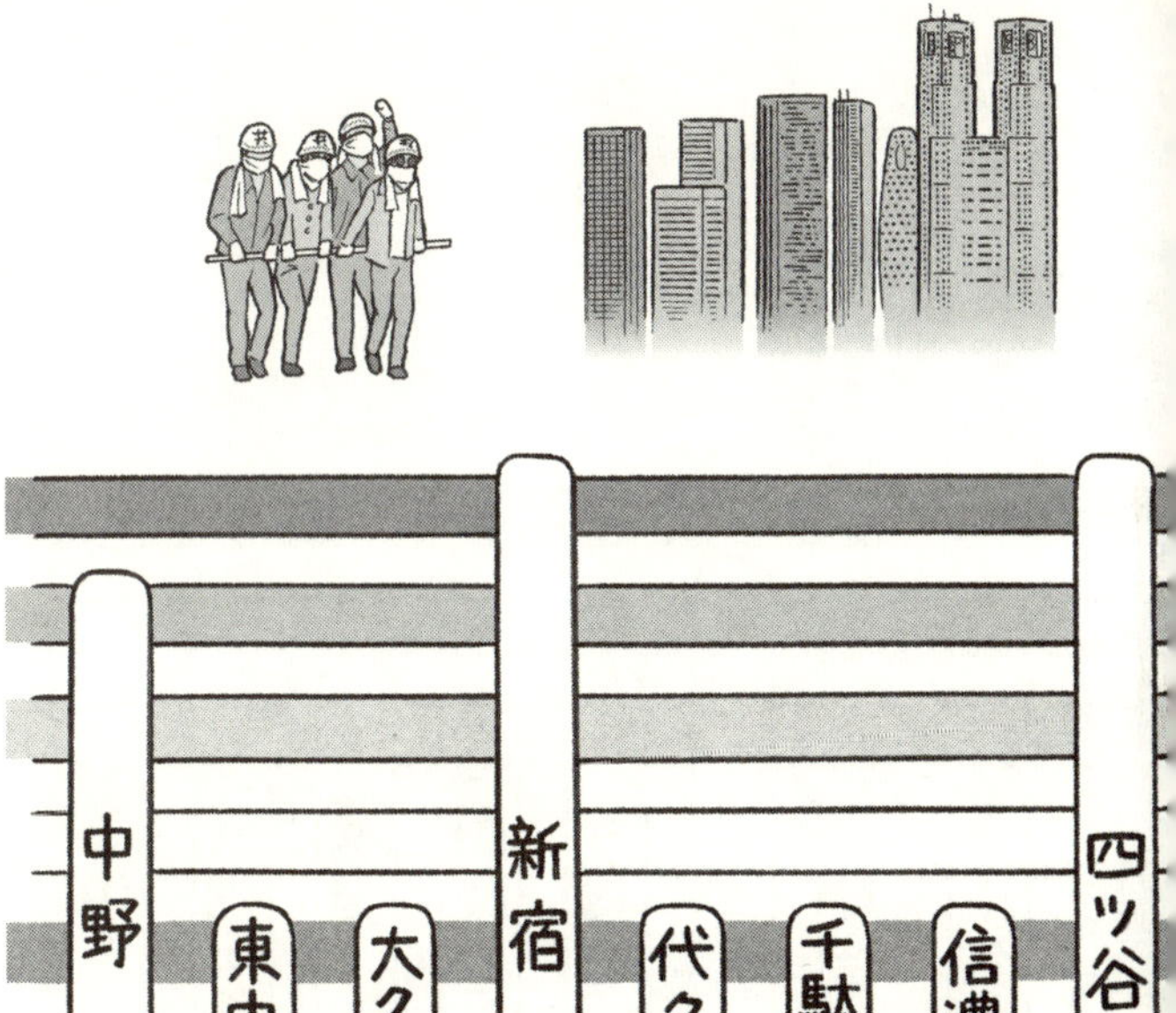
中野
東中野
大久保
新宿
代々木
千駄ケ谷
信濃町
四ツ谷
NAKANO
BROADWAY
NAKANO BROADWAY

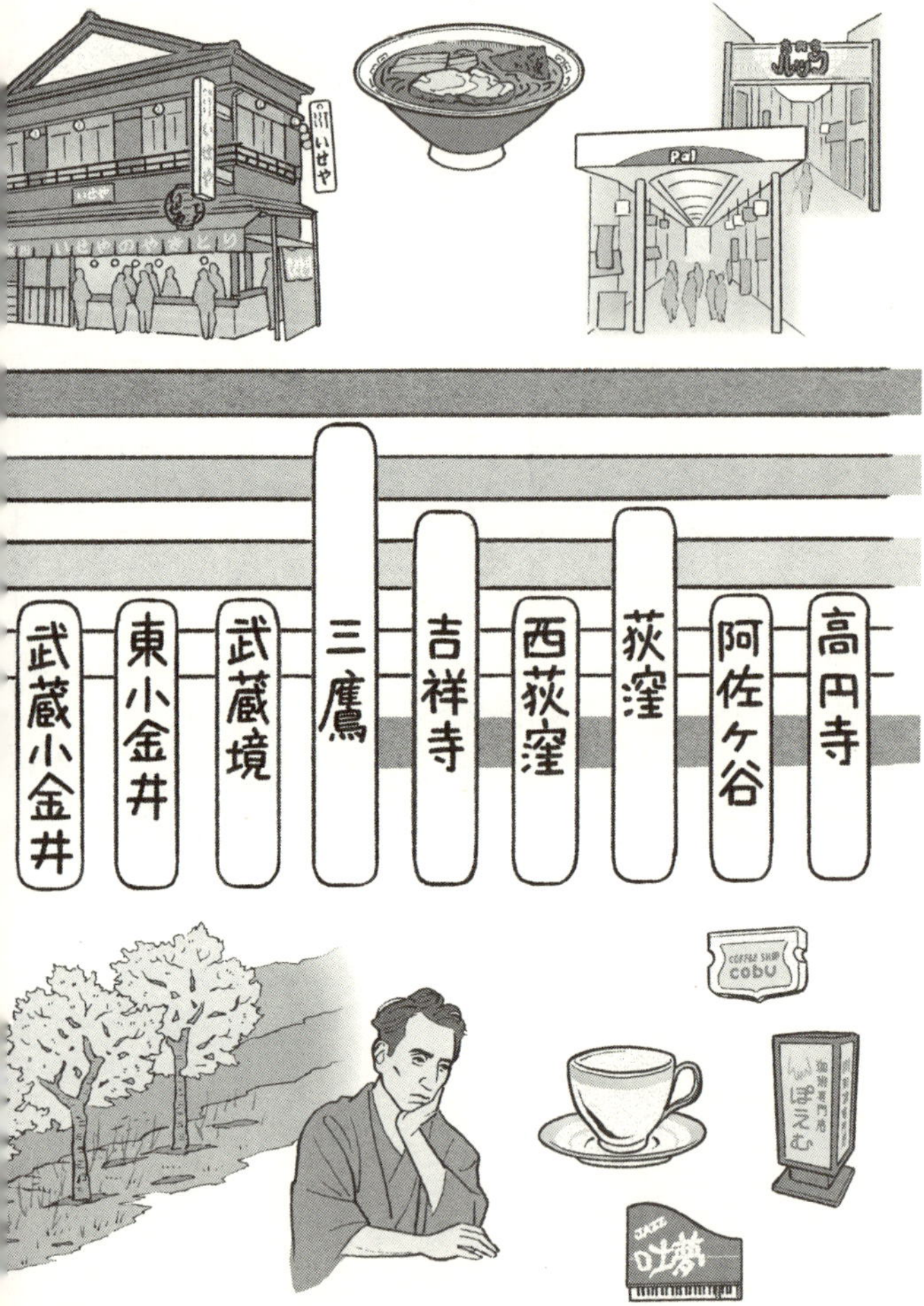

いせや
いせや
いせやのやきとり
Pal
高円寺
阿佐ケ谷
荻窪
西荻窪
吉祥寺
三鷹
武蔵境
東小金井
武蔵小金井
COFFEE SHOP
cobu
ぽえむ
JAZZ
吐夢

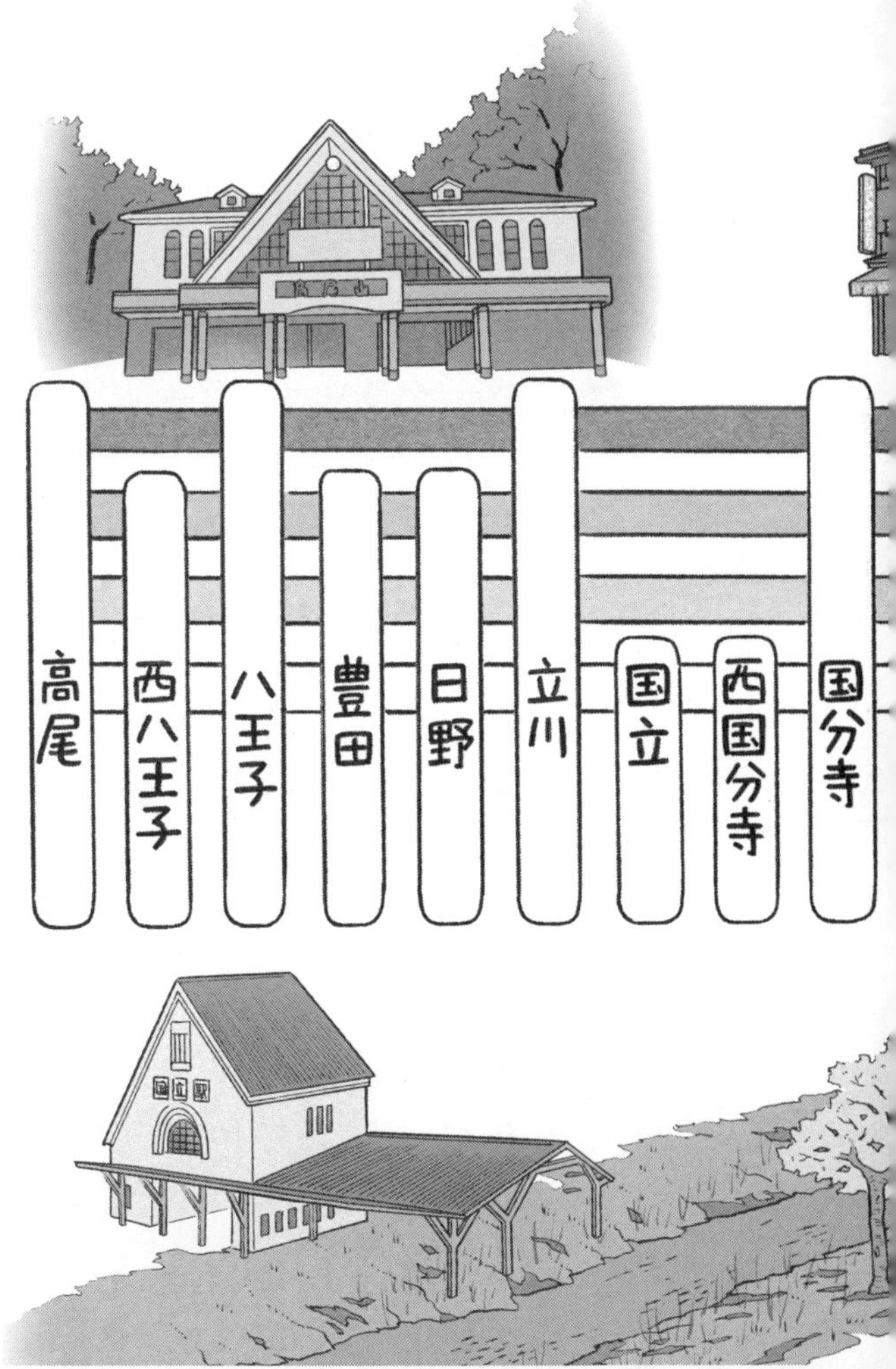
高尾
西八王子
八王子
豊田
日野
立川
国立
西国分寺
国分寺
国立駅

路線図・イラスト　ホセ・フランキー

中央線をゆく、大人の町歩き

鉄道、地形、歴史、食

はじめに

山手線の駅の近くで生まれ育って今も住んでいる私にとって山手線は「ホーム」、中央線はあくまでも「アウェイ」だ。

実は山手線には、沿線地域、沿線カルチャーというものはあるようでないのだが、中央線にはそれが厳然とある。また、同じＪＲの路線である東海道線にも、常磐線にもこんなに濃厚な沿線色はないし、中央線と並行して走る京王線や西武新宿線にもない。

中央線方面は長いこと危険な香りのする地域だった。一見自堕落なように見えるがいったんそこに入り込んだらすごく楽で居心地がよさそう。しかしその色に染まったら一生そこから抜け出せない、もしかしてそのままダメな人間になってしまうかもしれない。そんな「禁断の園」的な誘惑を、七〇～八〇年代の中央線は秘めていた。

しかしその後バブルが崩壊し、世の価値観は変わった。団塊の世代を中心とした若者たちがリードしてきた中央線カルチャーはほどよく熟成し、関東大震災後、そして戦前戦後に東京の良質な住宅地として発展してきた歴史とともにその価値を向上させてきた。

東京でももっともディープで、反骨精神に満ち、自らの沿線カルチャーを愛する人たちが住む鉄道沿線を〝よそ者〟である私が探検する、これはそんな危険な本なのである。

鈴木伸子

中央線的混沌《カオス》の核《コア》へ

新宿　中央線文化の発信地

中央線にとって新宿駅は、始発駅である東京駅よりも、住みたい街ナンバー1である吉祥寺駅よりも、もっとも中央線的な駅だといえよう。

今の中央線の沿線色は、六〇〜七〇年代に新宿を中心に盛り上がった若者たちのヒッピーカルチャー、アングラ演劇、フーテン族、学生運動、ベトナム反戦運動、フォーク集会などなどが体制側に敗北して、中央線を伝って西へ西へと流れていったことにより培われてきたものだった。

今では考えられないことだが、六〇年代なかば、東京オリンピックの頃まで日本に若者文化というものはなかった。世の中には大人と子どもしかいなくて、大学生は学帽をかぶり学生服を着てまじめに勉強していた。しかしこの頃、戦後二十年ほどを経て日本の社会にもようやく余裕が生まれ、若者たちがジャズやフォーク、グループサウンズ、前衛演劇といった新たな時代のカルチャーを生み出すようになり、同時に全共闘、ベトナム反戦などの学生運動やデモなどが起こった。そんな若者たちが集い、自分たちの根城にした街は、原宿でも渋谷でも吉祥寺でもなく、新宿だった。

昭和四十三年十月二十一日の国際反戦デーには、新宿東口では大規模デモ隊と警官隊が衝突。新宿駅構内にもデモ隊がなだれ込む。これがいわゆる新宿騒乱だ。ヘルメットをかぶった反日共系などの若者たちが駅構内で中央線や山手線の電車を占拠して窓ガラスを割り破壊。駅前の交番に放火するなどで騒擾罪が適用され、中央線は翌日も運休となった。当時はこの十月二十一日だけでなく、新宿駅はたびたび学生デモとフーテン族に荒らされ、鉄の柵や塀で防備されて常に防戦態勢が布かれていたという。

翌昭和四十四年には西口広場のフォーク集会に若者が集まり、機動隊が出動して、「ここは広場ではなく通路であるから立ち止まって歌を唄ってはいけない」と規制が行われたというのは、団塊の世代の人々に繰り返し聞かされたこの時代の象徴的なストーリーだ。

今、当時から五十年近く経った新宿駅を出て、街で中央線的なものを探してみる。

まずは東口の中村屋。中央線沿線ではない街で育った私にとって、中村屋は子どもの頃にはあんまんや肉まん、ワッフルなどをおやつに買ってもらう店という認識だったが、やがてここの名物はカリーライスだということを知った。しかし中央線沿線の阿佐ケ谷や荻窪あたりで生まれ育った人たちにとって新宿の中村屋とは、カリーライスや中国料理の店というだけでなく、新宿の歴史ある文化の拠点だという。中央線において中村屋は、ほかの山の手地域の家庭における日本橋三越か髙島屋のお好み食堂か、銀座の資生堂パーラーのような、家族みんなでハレの日に出かける食事の場所らしい。

中村屋の創業者は長野県の穂高出身。明治三十四年に創業し、その八年後である四十二年に新宿の支店を本店とする。それが現在の新宿東口の中村屋だ。創業者の相馬夫妻は文化人との交友も多く、芸術家たちのパトロンともなった。インド独立の志士ボースをかくまった縁でカリーライスがメニューとなり、ロシアの詩人エロシェンコを支援したことでボルシチやピロシキも看板商品となった。そんな文化的で歴史もある新宿にある店ということで、中央線沿線の意識の高い人々にも、家族でのお出かけの場として支持されているようなのだ。

もう一人、新宿の文化のパトロンとして象徴的であったのは紀伊國屋書店の社長だった田辺茂一。新宿で紀州の備長炭を売っていた炭屋の息子であった田辺は、幼い日に丸善に連れて行かれ書店という場所に魅せられ、昭和二年、二十一歳の時に新宿で紀伊國屋書店を創業。戦災で被害を受けるが、名建築家・前川國男の設計で戦後に店を復興する。さらに東京オリンピックの年、昭和三十九年には再び前川國男の設計で現在の紀伊國屋ビルをオープンした。このビルは書店のほか画廊や劇場も備えた新宿の文化の殿堂として、当時の若者たちにとってまぶしい存在だったという。

新宿は、昭和初期のモダン東京時代に発展した街だ。当時はまだ神田や日本橋などの江戸以来の下町が東京の昔からの繁華街として格も高く、新宿は新開地という扱いだった。しかし新宿駅は東京市電（都電）、京王線、小田急線との連絡駅で、すでに昭和初期から乗降客日本一の座を獲得していたという。

新宿駅が開業したのは中央線＝甲武鉄道が開通する四年前の明治十八年。当時の新宿の街の中心は新宿駅前ではなく、かつての宿場町であった新宿追分、現在の新宿三丁目近辺だった。

付近には戦前に伊勢丹、三越のデパートが進出していた。しかし今三越と伊勢丹は合併し、伊勢丹の向かい側の三越は閉店してビックカメラとユニクロの複合店・ビックロになったことには隔世の感がある。

最近の新宿で変化しているのは歌舞伎町だ。コマ劇場がなくなってホテルとシネコンの入った超高層ビルができて、アパホテルも建設され、このあたりでは大型映画館だったミラノ座も取り壊された。早慶戦の後に早大生が酔って飛び込んでいたコマ劇場の前の噴水もとっくに埋め立てられ、暴力団や風俗店の多かった街は規制によって浄化されてきた。

六〇〜七〇年代、新宿で大きく変貌したのは西口側だった。それまで駅西側で大きな敷地を占めていた淀橋浄水場は昭和四十年に村山浄水場に移転。その後は新都心の

上・高層ビル群をバックに疾走する中央線。
下・新宿駅７・８番ホーム端からの眺め。

超高層ビル街として開発され、平成三年には都庁も有楽町からこの新宿の超高層庁舎に移転した。新宿という街を自分たちの「都」としてきた中央線沿線の人たちは、これをどう受け止めたのだろうか。

その後、新都心の超高層ビル街は初台方面に、そして中野坂上方面にも広がり、中央線の車窓から眺めるとそのビル群のかたまりはどんどん大きくなっている。

新宿の貨物駅のあった南口側も再開発されて髙島屋やＪＲ東日本の本社などが並ん

でいるが、平成二十八年には甲州街道沿いに「ルミネ」の新業態「NEWoMan」というおしゃれな駅ビルと、新宿全体の高速バスを統括する巨大バスターミナル「バスタ新宿」などができて、駅の各ホームからも通路を利用して、甲州街道を渡ることなく、これらにアクセスできるようになった。新宿駅も、その甲州街道の向こう側に新南改札が設けられて代々木側に延長され、どんどん巨大駅化している。

その新宿駅で私のとても好きな場所は七・八番線、中央線上りホームのもっとも下り寄りだ。ここは駅のホームのなかでもホームの端っこからの見晴らしがとてもよい。新宿の街を背景に、中央線や特急スーパーあずさ、成田エクスプレスや山手線、埼京線、湘南新宿ラインなどの各列車が駅に行き来する景色を眺められる。東京駅から中央線に乗って新宿に着いた時など、この岬のようになっている駅の特等席から街の鉄道風景を眺めるのを楽しみにしている。

大久保　プロレタリア文学とエスニックと

大久保といっても、私が子どもの頃から知っていたのは中央線の大久保駅ではなく、山手線の新大久保駅のほうだった。しかし大久保駅があってこそ新大久保駅があるはず。調べてみると大久保駅は明治二十八年、新大久保駅は大正三年に開業している。つまり新大久保より二十年ほど先輩ということだ。

山手線の新大久保駅のホームから眺めると、大久保通りの西方向に中央線大久保駅のガードと、そこを行き交う電車が見える。その距離は三〇〇メートルほど。歩いても五分ほどの距離だ。

そのJR大久保駅北口のガード下に行ってみると、壁にツツジと鉄砲組百人隊の絵が描かれている。実はこの壁画こそ大久保という土地の昔を物語るもの。壁画脇にある説明によると、江戸時代に幕府を警護した同心百人が配属されたのがこの大久保駅と新大久保駅前である百人町あたりで、彼らは将軍が寛永寺や日光東照宮などに参詣する時は警護にあたるなどの任務を負ってきた。同じ中央線のはるか西の八王子の地には千人同心がいて同様の任務にあたっていたが、こちら大久保には百人同心がいたということなのだ。今も八王子には千人町という町名が、こちら大久保には百人町という地名が残っているというのも興味深い。

鉄砲組は余暇に組屋敷内でツツジの栽培を行い、これは江戸名所として評判になり、明治、大正期まで続いたが、その後日比谷公園ができるとツツジはそこに移植され、大久保界隈の都市化とともに失われたとか。しかし昭和戦前まで百人町界隈にはあちこちにツツジの咲く街並みが残っていたらしい。新宿歌舞伎町から新大久保、大久保にかけての地域は意外なことに戦前はお屋敷町だったが、戦災に遭ったことで戦後ラブホテル街に変貌したという話を聞いたことがある。

現在の大久保通り沿いは、インターナショナルというか猥雑というか。アジア系外国人が行き交い、エスニック料理や食材店、日本語学校、外国人大歓迎の看板を掲げた不動産屋などが並んでいる。

ただ、新大久保駅付近は歌舞伎町と隣接しているため風俗的な街並みが続いているが、大久保駅の周辺はいくらか落ち着いた雰囲気。駅の東中野寄り、小滝橋《おたきばし》寄りは古くからの住宅街で、戸建て住宅やアパートが立ち並んでいる。

今は北新宿という町名になっている大久保駅の西側、かつての柏木あたりには、大《おお》町桂月《まちけいげつ》、西條八十《さいじょうやそ》、内村鑑三、大杉栄といった作家、詩人、思想家などが住んだ歴史がある。プロレタリア文学の作家・佐多稲子は戦前から小滝橋近くの戸塚に、戦後は柏木に住んだ。戦前、小滝橋に近い中野区側に日本プロレタリア作家同盟の事務所があって親しい友人がいたためだという。この同盟には小林多喜二《こばやしたきじ》、中野重治、中條（宮本）百合子、徳永直《とくながすなお》といった錚々たるメンバーが所属していた。

大久保駅の近くには、明治時代からの淀橋教会、矯風会というキリスト教の女性による人権擁護団体などが今もあり、近代以降に進歩的な思想が根付いた土地でもあるようだ。ほかにも俳句文学館があったり、東麻布から暮しの手帖社が駅付近に移転してきていたり、文学や出版に縁のある土地柄は途絶えていない。

駅から中央線下り方向に向かって歩いていくと中央卸売市場淀橋市場がある。ここは中央線の車窓からもよく見える。

この淀橋市場は昭和十四年に東京都によって設けられたが、それを運営する東京新宿青果株式会社を設立したのは井荻村村長の内田秀五郎だった。内田秀五郎といえば中央線西荻窪駅開設に尽力し、駅周辺の区画整理を行ったことで現在の西荻窪の整然とした住宅地を生み出した功労者でもある。その内田の銅像は西荻窪駅北方の善福寺公園にあるが、この淀橋市場にも設立者である内田の胸像がある。どうもこの人は中央線沿線発展の功労者としてあちこちにその足跡を残しているようだ。

淀橋市場あたりでは中央線の高架は街を分断する壁のように高くそびえている。市

上・駅ガード下にある鉄砲組百人隊の壁画。
下・トンネル状の「鎧ガード」。

場のちょうど前にはその「壁」を貫通しているトンネル状のガードがあるのだが、その名も鎧《よろい》ガードというシブい名前がついている。その鎧ガードをくぐった先にあるのが鎧神社。平将門の鎧がここに埋められたという縁起がある。人通りの多い大久保駅前に近いが、深閑として由緒を感じる神社である。

大久保駅は現在は高架駅だが、明治二十八年にできた時は地上を線路が走っていて、昭和六年に現在のような高架線になった。ガード下に北口と南口二つの改札のある駅は今もなんとなく昭和初期のモダン都市時代の香りがする。

その駅付近はエスニック街といっても新大久保駅付近とは微妙に傾向が異なって、トルコ、ネパール、チュニジアなど各国のレストランが点在している。最近見つけたベトナム料理屋さんの隣りには、知る人ぞ知るインドネシア食材店があるという情報を西荻に住む料理家の友人に教えてもらった。新大久保駅方面は韓国料理、それも近年流行ったサムギョプサルの店が多いのに比べて、大久保はエスニックといってもバラエティに富んでいる。そして探検すればするほど、穴場的な店が見つかりそうな感じがする。

東中野　桜並木と跨線橋

　東中野の街は、高円寺や阿佐ケ谷、吉祥寺などと違って、いわゆる中央線色の濃い街として語られることが少ない。中野と新宿の間にあって、失礼ながらあまり存在感のない駅なのだが、探検してみると実はここはなかなか味わいの深い土地なのだ。街には、山の手の住宅地として震災後、戦災後に開けてきた歴史が感じられるし、飲食店や商店なども個性的でこの地域ならではという店が見つかる。

　駅ホームは、中央線ではめずらしく高架ではなく地上にある。ホームからは街の様子がよく見えて、「ポレポレ東中野」という独立映画系の映画館、「ジャックと豆の木」というかわいい名前のコーヒーとサンドイッチの店のほか、線路脇の路地を入ったところには「昭和の街ムーンロード」という居酒屋スナック街もある。駅周辺には『孤独のグルメ』に出てきそうな店があちらにもこちらにも。街の雰囲気も、その主人公である井之頭五郎が歩いていそうな感じだ。

　駅には西口と東口という二つの改札があり、そのどちらの出口から出るかで街の印象は大きく異なる。

駅の中野側である西口を出ると、目の前にある大きな通りが山手通りだ。駅前の横断歩道から通りを眺めると、右側にも左側にも巨大な首都高地下トンネルの排気塔が見える。一見して気づかないだろうが、この通りの地下には、首都高速中央環状線の山手トンネルと、都営地下鉄大江戸線が通っている。平成十九年に部分開通したこの山手トンネルを利用すると、池袋から新宿、渋谷間などが大幅に時間短縮されるようになった。

一方の大江戸線の東中野駅が開業したのは平成九年で、その頃から昭和の味わいの残っていた駅付近の街並みはだんだんと変化していった。JRの駅ビル「アトレヴィ」ができて、駅前ロータリーが整備され、タワーマンションが建ち、この街が新宿まで二駅という超都心の立地であることをいきなりアピールしだしたかのようだった。

しかし、あちこち歩いてみると今も界隈には昔ながらのこの街のよさを発見できる。西口駅前の山手通りの横断歩道を渡ると、向かい側には、「東中野ギンザ通り」という小型車一台がやっと通れるくらいの道幅の商店街の入口がある。通りには威勢のいい八百屋さん、お惣菜屋、豆腐、時計・眼鏡の店や中華屋さんと、昭和の商店街の姿が残っている。途中には教会や大型スーパーがあったりもするが、人通りも多くにぎやかだ。

この商店街と並んで昔と変わらないのは、中央線の線路脇の桜山通り。線路上の土手には桜並木が続いているのだが、これは太平洋戦争の空襲で焼け野原になったこの街に、戦後の昭和二十九年に地元の人たちが植えたものだとか。春先には、中央線の車窓からこの桜と土手に咲く菜の花の両方が美しく見えて沿線名物ともなっている。

駅から線路沿いに、この桜山通りを中野方向に歩いていくと、線路上に跨線橋が架かっている。近頃の跨線橋はどこも橋の上を金網でがっちりガードされていて、見晴らしが今ひとつだったり写真撮影がむずかしいところがほとんどなのだが、この跨線橋は金網もなく、柵の高さも鉄道を眺めるのにじゃまにならないたいへんありがたい跨線橋だ。特に桜の季節には撮り鉄さんたちが集まるほか、日常的には親子連れが電車を眺めにやってくる場として人気。子どもたちが電車に向かって手を振ると、ほとんどの運転士さんは警笛を小さく「ブォッ」と鳴らしてくれる。

駅の反対側、新宿寄り東口側に行ってみると、こちらは未だに昭和の雰囲気。駅前にも跨線橋があり、私鉄沿線の小さな駅のような印象で、山手通り側の西口とは全然別の街のようだ。

新宿寄りのホームの先には、踏切があったような跡がある。調べてみると、以前ここには桐ヶ谷踏切という中央線が東京駅を出発してから最初に出合う踏切があったのだとか。

東中野駅は明治三十九年に甲武鉄道の柏木駅として開業。柏木というと中野という より新宿の地名という印象を受けるが、大正六年に東中野駅に改名。両隣の中野駅と大久保駅はそれ以前の開業だから、その間に後からできた駅ということになる。

この東中野駅のホームの新宿寄りから立川駅構内までの約二四・六キロを、中央線の線路はひたすらまっすぐ進んでいる。つまりこの駅は、東京の西に向かって一直線に延びている中央線イメージの起点となっているわけだ。

上・東中野―中野間の跨線橋。
下・昔ながらの商店街「東中野ギンザ通り」。

駅東口には線路の両側に下り階段があり、そこを下りて線路沿いに歩いていくと神田川が流れている。このあたりは高低差の激しい地形で、高台側には江戸時代に将軍が鷹狩りや雉狩りに来たという。明治時代には現在の東中野五丁目一帯に華洲園という花園があったが、今は跡形もなく閑静な住宅街となっている。街のあちこちには、激しい高低差のために階段があり、その下には神田川が流れているのだ。

中央線の線路は、飯田橋—水道橋—御茶ノ水では神田川と並んで走行しているが、そこから離れたこの東中野で、同じ路線がその神田川を渡っているということに、東京という都市の複雑さを感じる。

東中野駅東側ではこの複雑な地形を散歩するのも興味深い。階段や坂道を上り下りすると街の表情が違って見え、神田川沿いを歩いて川の流れを眺めるのもいい。

昔むかしこの付近には神田川の水を引き入れた釣り堀があり、それが大正九年「寿々木屋」という割烹旅館になり、昭和十年には宴会場「日本閣」となった。昭和から平成にかけて、この日本閣は東中野駅前のランドマークで、中央線の車窓から見ても目立っていた。この「ウェディングパレス日本閣」のテレビコマーシャルは、私と同世代の東京育ちのテレビっ子なら絶対知っているはず。ここの庭には古くから滝があり、これは昭和初期に走り始めた中央線の急行電車の轟音を遮るために作られたものだったとか。

「日本閣」は今、そのほとんどの敷地が二棟のタワーマンションとなり、結婚式場は縮小して「west53rd」というニューヨーク・マンハッタンにでもありそうなおしゃれな建物にリニューアルしている。

この神田川沿いにも桜並木があり、この街の散歩道として親しまれているようだが、昭和二十一年には駅付近で超満員の乗客の乗った中央線の木製車両のドアが壊れて、乗客数名が神田川に落下するという事故が起きている。

また、国鉄が分割民営化してすぐの昭和六十三年にも、東中野駅では朝のラッシュ時にホームに停車している総武線下り列車に後続列車が追突して運転士と乗客計二名が死亡、負傷者一一六名という大事故が起きた。同じ場所では昭和三十九年と五十五年にも追突事故が起きていて、どうも中央線の難所となっているようだ。

そんな東口駅前を探索していて、昼時にたいへんな行列のできている店を発見した。大盛軒《おおもりけん》という、いかにもおなかいっぱいになりそうな中華料理店の店先には焼肉麵、鉄板麵という人気メニューの写真が貼り出されている。この鉄板麵だが、鉄板にのった焼肉に生卵とタバスコをかけ混ぜ、ごはんとともに食べるというもので半ラーメン付き。『孤独のグルメ』の井之頭五郎さんなら軽々と完食だろうが、小食な私には恐るべきボリューム。今度東中野に来る時は、朝から絶食してこの鉄板麵に挑戦することとしよう。

中野　時代も人も入り交じる〝中央線のカオス〟

最近中野の街が変貌している。駅北側の警察大学校跡地一帯が大規模再開発されて、「中野セントラルパーク」という名前の街になっている。

中央線の車窓からも見えるこの新しい街の存在は気になっていたので、改めて探検にいってみると、セントラルパークの名のごとく公園のような街区に明治大学や帝京平成大学、早稲田大学の留学生寮、オフィスビルや集合住宅が点在し、中央線らしからぬおしゃれな雰囲気。キリンビールや栗田工業といった大企業の本社も移転してきて、学生街・オフィス街になっている。今までの中野とはまったく異質の街だ。

ずいぶん前のことだが、北口駅前のサンモール商店街の商店会長さんに取材で話を聞いた時、「中野には警察大学校があるので安心して飲める」とアピールされたのが印象に残っている。その警察大学校の場所には戦前、旧日本軍のスパイ養成機関といわれた陸軍中野学校があった。そしてさらに昔、江戸時代にはここに徳川五代将軍綱吉が作らせた犬小屋があった。その犬小屋は中野御用屋敷、中野御囲《おかこい》と呼ばれ、跡地の地名を囲町《かこいちょう》といった。

中野駅から線路沿いに高円寺方向に五分ほど歩いていくと、中央線の線路上には跨線橋が架かっていて、この橋の名前が「囲桃園《かこいももぞの》跨線橋」だ。なんだかややこしい名前の橋だなと思っていたが、線路の両側の囲町と桃園町をつないでいる橋だからということなのだった。この跨線橋は橋上からの鉄道風景がまことによい。高架部の増えている沿線においては貴重な存在で、私は密かに、東中野、三鷹の跨線橋とともにこの囲桃園跨線橋を中央線三大跨線橋と位置づけている。

跨線橋を渡って線路の南側に出て、さらに中野の探索を続ける。線路の向こうの旧桃園町も戦前からの地名。この一帯も綱吉の犬小屋跡で、江戸中期には桃の木が植えられ花見客でにぎわったという。付近を流れる桃園川は現在暗渠になっているが、その流域は荻窪から、阿佐ケ谷、高円寺、中野と徐々に南下し神田川に注いでいる。

中野駅前は戦前は南側のほうが発展していた。区役所も以前は南口側の大久保通り沿いにあり、昭和四十三年に現在地に移った。南口の中野通りの商店街には今も懐しい感じのアーケードが架かっていて昭和レトロな雰囲気がいい。

この通り沿いにはマルイの中野店がある。平成二十三年に建て替えられて新しくなった店だが、中野は丸井の創業の地。昭和六年に月賦専門店として創業し、その後中央線沿線の〝駅のそば〟を拠点に成長。一時は阿佐ケ谷、西荻窪、高円寺、三鷹、立川、豊田、八王子にも店があった。関東大震災後や太平洋戦争後に住宅地として発展した中央線に引っ越してきた新住民が家財道具などを調達する需要に応え、沿線住民に受け入れられていったというわけだ。

このマルイのそばには、ツインタワーの超高層マンションが建っていて、真新しいマルイ店舗とともに中野駅南口で異彩を放っている。しかし、マルイの裏側に広がっているのは昭和の香りのする飲み屋街。井伏鱒二もよく来ていたという「北国」という居酒屋、スナックなどが軒を連ねている。

中野駅は中央線特別快速が停まる駅。地下鉄東西線の終着駅でもある。中央緩行線（黄色いラインの総武線）の車庫もあって、中央線の駅としては重要な拠点だ。数年前に北口の改札口が駅中央通路の正面に移動し、駅の雰囲気もあか抜けた。改札のリニューアルとともに駅前には再開発地区・中野セントラルパークへの人工地盤と歩行者用のデッキもできて、エスカレーターで行き来ができるようにもなった。以前の北口改札は、通路をくねっと曲がった高円寺寄りにあって、どことなく古ぼけた雰囲気があったものだ。

北口駅前で私が注目しているのはサンモールの入口横に並んでいる「田舎そば　かさい」という立ち食いそば屋とその隣りの〝おやき〟の店。そばも〝おやき〟もどちらも中央線沿線名物を商う店で、チェーン店でもないところがすごい。「かさい」は人気店のようでお客さんがひっきりなしに出入りし、立ち食いそばの名店だという噂をよく聞く。

北口のメインストリートは、アーケード商店街の「サンモール」とさらにその先にある「ブロードウェイ」だ。また、サンモールの東側の路地が入り組んだ裏通り一帯にはにぎやかな飲食店街があって、いい店うまい店がたくさん潜んでいそう。

常に人通りの多い「サンモール」で老舗なのはお惣菜店の「わしや」。戦前は古本

上・囲桃園跨線橋。
下・北口のサンモール商店街入口。

屋だったが、戦後お惣菜屋さんになって、荻窪のタウンセブンや西荻窪のガード下にも支店がある。鷲の剝製が店内にあったから「わしや」なのだとか。煮物、揚げ物、焼き魚、炊き込みごはんやおこわ、きんぴらやおから、ポテトサラダなど昔ながらのおかずが並ぶ庶民的な店だ。

サンモールをひたすら進むと、今の中野でたいへんな集客力を誇る商業施設「中野ブロードウェイ」に行き着く。サンモールの人通りの多さは、このブロードウェイを目指してくる人がほとんどだという説もある。マンガやアニメ、ゲーム関連の「まんだらけ」の店舗が館内に三十店近くあるほか、海外の高級腕時計の専門店、占いのブースが並ぶ一画や、地下のアメ横のような商店街が館内には詰まっている。最近は世界的アーティスト村上隆のプロデュースするカフェやギャラリーなどが館内に四軒もできている。

ブロードウェイは平成二十九年で築五十一年。ショッピング街の上である五階以上はブロードウェイマンションとなっていて、高級マンションの草分けとして知られ、屋上庭園やプールなどもある。以前その伝説の屋上庭園に足を踏み入れたことがあるが、デラックスな空間は今も充分に魅力的で、ここはやはり都内有数のヴィンテージ・マンションだと確信した。

このブロードウェイの隣りには「中野の九龍城」と言われる「ワールド会館」とい

う不思議なビルもある。ブロードウェイとほぼ同じ築年数と思われるビルのなかには、坊主バー、歌謡スナック、アニメスナックなど不思議な店ばかりが並んでいる。

一方、ブロードウェイの早稲田通り沿いの隣りには二十四階建ての高級タワーマンションが建設中。ブロードウェイマンションとのコントラストがいやが上にも際立つ。

そのマンション裏側から中野駅に至る飲食店街には居酒屋とラーメン屋が多い。特にラーメンは人気店も多いようで、店の外に行列ができているような店もある。私がよく行くのは、都内に何店舗もある「青葉」の本店。ここは本店なのでほかの青葉よりうまいという説を聞いたが、正直なところよくわからない。

魚の品揃えのよい居酒屋「第二力酒蔵」や、同じ経営者の営む「割烹ふく田」もよい店だ。どちらも画家の風間完が常連だったそうで、店内の個室には風間完の描いたけっこう色っぽい絵が飾ってある。

この中野駅北側で昔あって今なくなったものというと、高校生の頃に「ぴあ」で上映スケジュールを調べて映画を見にきた名画座「中野武蔵野ホール」や、五木寛之が行きつけだったという喫茶店「クラシック」などだ。

北口駅前では、駅前のランドマーク、中野サンプラザと区役所が一万人規模のアリーナに再開発されるという計画もある。区役所、サンプラザという二つの大きな施設ができたのは六〇年代の後半から七〇年代前半の高度成長期。調べてみると、それ以前はこの場所も警察大学校の敷地なのだった。

中野の街を探検すると、江戸時代や昭和、平成といった時代が入り交じり、大学生、サラリーマン、おたく、外国人観光客、タワーマンションに住むセレブが行き交うクロスオーバーな街だということがわかる。これからますますいろいろな要素が入り乱れ、カオス度は深まっていきそうだ。

高円寺　ヒッピーカルチャーの伝統

高円寺南口側の駅前に降り立ったある日、この地で「ガンジス川」といわれていた噴水がなくなっていたことに驚愕した。中央線沿線において「日本のインド」といわれた高円寺。駅南口の噴水は、漫画家・みうらじゅんによって「ガンジス川」と命名されていることを知る人は地元や沿線住民には多い。北口の沖縄料理屋「抱瓶《だちびん》」で焼酎を飲み、スキップをして酔いを回したあげく、南口のこの噴水に飛び込むというのが、一九七〇年代のロックな若者の高円寺における通過儀礼だったとか。

「ガロ」に漫画を書いていたみうらじゅんは高円寺に住んでいたが、当時売れっ子となっていたコピーライター・糸井重里に「とにかく中央線を出ろ」といわれて原宿に移ってから徐々に売れるようになり、現在の地位を築いたらしい。七〇〜八〇年代の中央線には、マイナーである自分が愛しい、メジャーなものに対する反抗という精神が染み付いていたようだが。

その、みうらじゅんが飛び込んでいた「ガンジス川」も、いつの間にかまったくきれいにリニューアルされ、二十一世紀になって、この「中央線の呪い」がもっとも深そうな高円寺もジェントリフィケーションされている。

　ふと、その傍らを見ると広場に面して「トリアノン」という洋菓子店がある。ここは昭和三十五年創業という老舗洋菓子店。沿線の三鷹と大久保にも支店がある。しかし、かつての「ガンジス川」の傍らに、フランスのヴェルサイユ宮殿にあるべき「トリアノン」が存在しているとは！　やはり、これぞ中央線的混沌だ。

　中央線の駅のなかでももっとも若者パワーが充満していると思われるのが、この高円寺。六〇〜七〇年代に新宿で盛り上がった学生運動、ヒッピーカルチャー、フォーク集会、テント演劇などは中央線の線路を伝って杉並、武蔵野方面へと波及していった。なかでもそれら若者文化が一番色濃くにじんでいったのがこの街だろう。

　高円寺駅近くでは環七通りが線路と交差している。六〇年代にこの環七通りの建設が進み、区画整理が行われて現在の街並みが整備された。ちょうど高度経済成長期だったその時期に、地方からやってきた学生や労働者が、格安な物件のある高円寺の街に住み着き、ここは若者の街となっていった。

　その時代から受け継がれた「伝統」なのか、高円寺にはライブハウス、貸しスタジオ、ギターを持った若者、金髪の人が多い。しかし七〇年代前半の高円寺ではまだ、ロックよりもフォークのほうが主流だった。団塊の世代が新宿西口でフォーク集会で盛り上がっていた時代、吉田拓郎は「高円寺」という曲を書いている。その歌詞は、中央線の電車のなかでいろいろな女の子に目移りしながらふられ続け、それでも「電車は今日も走ってるもんね」という、高円寺というよりも中央線を主役にしたような内容だ。中央線沿線のフォーク喫茶として有名だった「ムービン」という店もかつて高円寺にあった。

一九七〇年代に隣り駅阿佐ケ谷に住む小学生だった私の友人は、高円寺駅からはベルボトムジーンズに長髪の人が電車に乗ってくるのが日常風景だったと、その時代を語ってくれた。確かに私が沿線の大学に通っていた八〇年代後半にも、そんな格好の人を新宿から高円寺あたりでよく見かけたような気がする。

高円寺の北口、南口には、縦横無尽、網の目のように商店街が広がっている。北口には、ねじめ正一の小説のタイトルから名付けられた純情商店街と、その先の庚申通り商店街が、南口にはパル商店街とルック商店街がある。

一九九〇年代後半頃からルック商店街には古着屋が増え、ガーリー系、サブカル系の女子に人気の街になる。その頃から街には雑貨、手づくりパンやお菓子、カフェ、今風の居酒屋や古本屋などの店が増え、ずいぶんおしゃれな雰囲気になってきた。

南口を出て、まずは立派なアーケード商店街であるパル商店街を歩いていくと、道は微妙に下り坂になっている。パル商店街が終わるあたりにあるのが、今は暗渠になっている桃園川緑道だ。川が流れるのが低地であるのは自然の理。そこに向かって歩いていたための下り坂だったのだ。その暗渠緑道の先はルック商店街で、こちらを歩いていくと再びゆるやかな上り勾配を感じ、この街の地形のおもしろさを感じる。

このルック商店街には関東大震災後にできた商店建築がいくつか残っている。二階が赤いフランス屋根の洋館づくりであるフヂヤ薬局、昭和初期にできた銅板貼り看板建築の長屋などがあって、レトロで温かみのある街並みだ。駅に近いルック商店街のあたりは戦災で焼けたが、この通りは無事だったため古い建物が残ったという。

駅北側で注目したのは、純情商店街を鉤形に曲がったところにある行列のできている肉屋さん。その先の庚申通りは、道幅が狭く両側に店がひしめいている感じが楽しい。この通りには昭和九年創業という看板を掲げた履物屋さん、江戸時代からあって戦災に遭ったため昭和三十七年に修復されたという庚申塔、さらに駅側の通りには人気の天ぷら店「天すけ」、そして大一市場というさまざまな飲食店の集まるマーケットなど個性的な店が並んでいる。

北口駅前の高架線路脇にあるのが、中央線沿線でも老舗古書店である都丸書店だ。この店の品揃えは私にはアカデミックすぎるのだが、その店内の雰囲気が好きでついつい足を踏み入れてしまう。店には二つの入口があって、駅前側から入って裏側から出ると、高架下の商店街に続いている。ここにはもう一軒藍書店という古書店があって、こちらは文学や美術などの本が多い。高円寺には古書展やせりが行われる西部古書会館もあるし、都丸のほかにやはり老舗の大石書店や、ニューウェーブ系の「アニマル洋子」、古本酒場「コクテイル書房」などもあって古本屋めぐりが楽しい街だ。

平成二十一年には、中央線の車窓からも見える場所に「座・高円寺」という劇場ができた。世界的な建築家・伊東豊雄が設計したもので、アートのような建物は外観も中身も高円寺にあるものとしては斬新だが、うまく街になじんでいる。ここには「阿波おどりホール」という、高円寺名物の阿波踊りの練習用のホールもある。

「高円寺阿波踊り」は、昭和三十二年から続いていてもはや夏の東京の風物詩となっている大イベント。恥ずかしながら、先年初めて見物したのだが、踊りのみごとさ、各「連」ごとの個性、街に渦巻く熱気に圧倒

駅北口の「高円寺純情商店街」。

され、真夏の暑いなかを一時間以上路上に立ち続け見入ってしまった。この日、高円寺の街全体がライブ感と熱狂に包まれ燃えているのを見て、この街の底力を知った。

阿佐ケ谷　「ジャズの街」に根付く喫茶店文化

　阿佐ケ谷の街の特徴とは何だろう。新宿から中央線に乗って中野、高円寺の街に停車し、阿佐ケ谷に着くとなんだか山の手っぽい雰囲気を感じる。高級住宅街という点では、さらに隣りの荻窪や西荻窪のほうが勝っているようにも思えるが、阿佐ケ谷では駅の北側の中杉通りのけやき並木が品格ある街並みを演出していて、それがこの街のイメージを大きくアップさせているようだ。それに十年ほど前までは、やはり駅の北側に中央線の車窓から「けやき屋敷」といわれる、森のなかに洋館のある広い家が見えたものだ。これは地元の地主・相澤さんのお家で、洋館は壊されたものの広大な敷地の家は今も健在だ。駅前にお屋敷のある街というのはなんだかすごい。

　また、阿佐ケ谷には杉並区役所もあり、区の中心としての落ち着いて洗練された雰囲気がある。駅南口から区役所のある青梅街道手前まで約六百五十メートル続く商店街の名前は「阿佐谷パールセンター」。真珠という上品な宝石の名を冠した商店街の雰囲気は、同じアーケード商店街でも、中野のサンモールや高円寺パル商店街とは一線を画している。歩いてみると和菓子屋とお茶屋を多く見かける。そのほか呉服屋、三味線屋、詩人のねじめ正一のねじめ民芸店もありと日本的なライフスタイル関連の店が点在している。チェーン店も増えたが長く続いていそうなお店も多い。この道は駅前から青梅街道にかけて斜めになっているのが不思議だったが、昔からの古道で、中央線ができて阿佐ケ谷駅前にぶつかることによって商店街となったということだ。

　このパール商店街にあった伝説の店というと喫茶店「cobu」だ。私も何度か行ったことがあるが、アーケードに面した洋品店「スミレ」に入っていくとその奥が喫茶店になっているという不思議な店だった。

　ここの常連はマンガ家の永島慎二。阿佐ケ谷にはもう一軒「ぽえむ」という有名な喫茶店があったが、昭和四十一年にできたこの店にも永島はよく行っていて当時人気のあった「若者たち」というマンガに店のことを描いている。また「cobu」では長年永島慎二の原画展が行われていた。しかし平成十八年には永島が死去。「ぽえむ」は日本初のコーヒーフランチャイズチェーンとして発展したが、阿佐ケ谷の一号店は昭和六十一年に初代店主の死去後に閉店。「cobu」も平成二十五年に閉店と、すべてが過去の歴史になっている。阿佐ケ谷には永島が寄稿していた「ガロ」編集長の長井勝一が住んでいたし、中央線沿線の喫茶店文化が根付く土壌があったということか。

　阿佐ケ谷の老舗喫茶というと、ジャズ喫茶（バー）「吐夢《とむ》」と「鈍我楽《どんがら》」という店もある。どちらも創業時からは場所を変えながら健在で、「鈍我楽」は現在はジャズというよりもソウルミュージックの店になっている。中央線というとフォーク、ロックというイメージだが、それ以前に六〇年代の若者たちはジャズの洗礼を受けた。新宿の「DIG」、吉祥寺の「ファンキー」など、沿線には営業形態を変えながらもジャズ喫茶の名店が今も存在している。

平成七年からは毎年十月に中杉通り周辺で「阿佐ケ谷ジャズストリート」というイベントも行われている。そして阿佐ケ谷駅の発車メロディは、阿佐ケ谷の街の夏のお祭り・七夕の「笹の葉さらさら♪」のメロディをジャズ風にアレンジした究極の和洋折衷音楽となっている。

七〇年代以降、「ガロ」的なマンガ文化が根付いた阿佐ケ谷あたりだが、戦前には若手の貧乏文士たちが集った阿佐ケ谷会という集まりがあった。井伏鱒二を中心に外《との》村《むら》繁、上林《かんばやし》暁、青柳瑞穂といった文士たちの将棋会として始まり、北口の「ピノチオ」という中国料理店を会場にしていた。戦後は飲み会として阿佐ケ谷の青柳瑞穂邸で再開。昭和十三年に始まり、戦争を挟んで昭和四十七年まで続いていたというから中央線における文化史的な役割は大きい。中央線沿線カルチャーは戦前から貧乏な若者が集う酒場や喫茶店、飲み会で培われてきたという伝統があるのだ。

一見、上品に見える阿佐ケ谷駅の駅前にも中央線的な飲み屋街はある。南口の高架下の周りの「いちょう小路」や、その近くの路地とかわばた通りが交差する一帯にはスナックや焼鳥屋、小料理屋など昭和な雰囲気の飲み屋が並び、そのままガード下をくぐり北口方向にもその街並みは続いている。

北口「スターロード」は阿佐ケ谷でも一番にぎやかな飲食店街。このあたりの「和田屋」という居酒屋、名曲喫茶「ヴィオロン」といった店には中央線沿線に住む友人に連れてこられたことがある。

南口のかわばた通りにある釣り堀「寿々木園」も阿佐ケ谷名所の一つだ。釣り堀があってかわばた通りとは、以前はこのあたりに川が流れていたのかもしれない。釣り堀の池は以前は阿佐ケ谷田んぼの一部だったとか。寿々木園は阿佐ケ谷駅ができた二年後の大正十三年の創業で、この街ではたいへんな老舗でもある。

最近私のよく行く阿佐ケ谷の喫茶店は北口のけやき屋敷に近い路地にある「gion《ギオン》」。平成二年にできた店だからこの街では新しいほうだ。朝八時三十分から深夜二時までやっているが、昼間から店内は夜のような雰囲気で、天井にはお星様のような照明がキラキラ、カウンターにはティファニーランプがあったりしておしゃれな星占い師の館のよう。椅子がブランコになっているという席もある。

このgionのすぐ近くにはお笑いコンビ「爆笑問題」などの芸能事務所「タイタン」がある。所属タレントは長井秀和、橋下徹、辻仁成、日本エレキテル連合といった異色の顔ぶれ。芸能プロが中央線沿線に、それも阿佐ケ谷にあるというのは意外に思えるが「爆笑問題」にしても浅草キッド、ピースの又吉直樹など、最近のお笑い芸人には中央線カルチャーの延長線上に自らの芸風を位置づけていると思われる個性が増えてきた。

北口けやき屋敷に続く道の入口、gionのあたりには古いたばこ屋さんがあって、お米屋さんや、和菓子の「うさぎや」、居酒屋の「だいこん屋」などが並んでいて、

上・駅から続くけやき並木。
下・阿佐ケ谷の名所「阿佐谷パールセンター」。

昭和の頃の商店街のような街並みが続いている。その裏手にあるけやき屋敷の周りを改めて一周してみるとその広さと塀のなかの森の深さに驚く。夕方にはここを寝ぐらにしているカラスが飛び交い、その鳴き声がすごい。

そのさらに裏手には中央線の車窓からも見える河北総合病院がある。寺山修司が亡くなった病院として有名だが、寺山修司は阿佐ケ谷ではなく同じ杉並区の永福町に住んでいた。一方、中央線沿線を未だホームグラウンドにしているのは唐十郎、佐藤信。阿佐ケ谷には状況劇場にいた頃の佐野史郎も住んでいた。落ち着いた住宅街でもあるこの街は、アングラ演劇の根城という一面も持っていたのだった。

荻窪　井伏鱒二をたよりに、街の古層を探検する

久しぶりに荻窪の「春木屋」で中華そばを食べた。昭和二十四年創業のこの店ではラーメンではなく飽くまでも中華そば。ここは荻窪ラーメンの名店として知られ、醬油味、煮干しだし、ちぢれ麵という正統派東京ラーメンの店だ。

一九八〇年代後半頃から、「春木屋」「丸福」といった店の東京ラーメンの味が評判となり、荻窪といえばラーメンが名物となった。今もこの街を歩くと、「荻窪ラーメン」を標榜する店をよく見かける。当時よりもラーメンというメニューがさらに深化した今も東京のラーメン激戦区の一つとなっている。

春木屋があるのは青梅街道沿い。荻窪では、街の中心を中央線の線路と青梅街道が分断しているので中央線沿線のほかの街とは著しく駅前風景が異なる。しかし、その地上の線路と街道脇には、路地状の商店街が幾筋も毛細血管のように広がっていて、街のどこを歩いていても人通りが多くにぎやかで、これが荻窪の街のおもしろいところだ。

駅の北側には、曲がりくねった細い道筋の「教会通り商店街」、古くから栄えていたという「天沼八幡通り」などがある。そして駅前の「荻窪銀座」「荻窪北口駅前通商店街」のある一画は昭和戦後の香りが濃厚。焼きとり屋や古レコード店、居酒屋などが並ぶ路地奥を探検すると井戸がいくつも発見できる。

青梅街道から線路際の荻窪白山神社へと続く「ハクサンタウンズ」通り沿いには、都市型温泉やバッティングセンターもある。この通りには私が大学生の頃には「荻窪オデヲン座」という名画座があった。

南口側にも、駅前から善福寺川まで延々と続く「南口仲通り」、線路沿いと環八通りをつなぐ「荻窪すずらん通り」などがありにぎやかだ。いずれの商店街にも飲食店やお惣菜、パンやお菓子、マッサージや美容院、花屋などの店が並んでいるが、生鮮品の店はあまり見かけない。それらに関しては、駅前のタウンセブンビルの地下、ルミネ地下と西友という巨艦が圧倒的な集客力を持っているので、この街では商店街との役割分担があるのかもしれない。

タウンセブンの館内は、まさに地元商店街がビルのなかにあるという感じ。威勢のいい魚屋さん、高級品からお買い得品まで品揃えが豊富な肉屋さんが人気で、中央線沿線の主婦はお正月の買い出しには今もここを目指してくるのだとか。沿線におけるアメ横か築地場外市場のような存在といえそうだ。吉祥寺の精肉店・さとう、西荻窪のこけし屋、中野の惣菜店わしやと、中央線の老舗も支店を出している。

この荻窪という街について知るには、まず井伏鱒二の『荻窪風土記』を読むのが正攻法だろう。昭和二年、大学を中退して文士を目指していた井伏鱒二は荻窪あたりに転居しようと目星をつけて、中央線に乗って阿佐ケ谷で電車を降り、荻窪のほうへぶらぶら歩いていった。そこで出会った麦畑を耕している男に「おっさん、この土地を貸してくれないか」と話しかけて商談成立。なんともおおざっぱでのどかな話だ。

当時のこのあたりは井荻村だった。現在は杉並区清水一丁目の井伏宅あたりを歩くと荻窪らしい文化住宅街で、昭和初期にはあたりが麦畑とあぜ道だったことなど想像もできない。関東大震災後の中央線沿線には若手の文士が続々と移り住み、田端や大森に続く「文士村」となっていった。そのなかでも井伏鱒二は中心的な存在だった。

この井伏邸の近くには将棋の大山康晴名人が住んでいて、二人はよく将棋を差したり、飲みに出かけたりしていたという。なんだか微笑ましく楽しそうなご近所付き合いだ。

天沼、清水という地名は、水と関係の深いことを連想させる。『荻窪風土記』にも、昭和はじめのこのあたりに目立ったものといえば、天沼八幡神社と弁天池だったと書いてある。その弁天池は現在ほとんど枯れてしまったようだが、天沼弁天池公園のなかに復元されている。そして天沼八幡神社の門前には、これはかつて川の流れだったと確信できるぐねぐねと曲がった路地が横断している。古地図で見ると、ここには桃園川が流れ、現在は暗渠になっている。

荻窪のさらなる古層を探検しようと次に向かったのは、中央線線路沿いの光明院というお寺だ。中央線下りに乗って荻窪駅を出てすぐ、環八通りの先では線路の両側にお寺と墓地が見える。その真ん中を線路が貫いているということは、明治二十一年の甲武鉄道（中央線）の建設時に境内が分断されたということだろう。

境内に入ってみると、中央線の線路下を横断する地下通路があってここを通行していく人通りが案外多いことを発見した。今までこんなところに線路下を横断するガードがあるとはまったく知らなかったので驚く。境内の説明板には、このあたりには古来から荻が生えていたため、荻窪という地名の起源ともなったと書いてある。その故事にのっとってか、今、荻窪駅北口では荻が栽培されていたりもする。

光明院からほど近い場所には、老舗のそば屋「本《ほん》むら庵」がある。大正十三年創業。震災後にこのあたりが郊外住宅地化した頃からの店ということだ。立派な和風建築の店構えとその看板は、中央線の車内からも見える。荻窪駅から歩いて十分ほど。中央線沿線にそばの名店が多いのは、手打ちを旨とするこの店から独立した職人が多いからとか。店主の趣味なのか、店内や庭には盆栽が飾られている。

この「本むら庵」の近くには善福寺川が流れていて、その上を中央線は高架で渡っていく風景はなかなかよい。善福寺川は荻窪の街を蛇行しながら斜めに横切っていて、この川沿いに街を歩いてみるというのも荻窪散歩の一つの方法となる。

川に沿って線路の南側に行ってみると、こちらにも震災後に都心から移住してきた作家の足跡が見られる。南荻窪四丁目には、震災で倒壊した千代田区富士見の家から移転した歌人・与謝野鉄幹と晶子夫妻の旧居跡に整備された公園があり、さらに川沿いに歩いていくと近衛文麿の別邸であった荻外荘《てきがいそう》や、音楽評論家の大田黒元雄の邸宅

上・光明院境内には中央線の下をくぐる通路の入口がある。
下・善福寺川の上を高架で渡る中央線。

だった大田黒公園、角川書店の創業者・角川源義邸だった「すぎなみ詩歌館」などが点在している。周辺の住所は荻窪三丁目。あたりは高台から川を見下ろす地形の高級住宅地だ。

近衛文麿の本邸は目白にあったが、昭和十二年にこの屋敷を入手すると本邸には戻らずここで暮らし、終戦後A級戦犯とされた後にこの屋敷で服毒自殺した。平成二十四年に近衛の次男が亡くなったことを契機に杉並区がこの荻外荘を公園として整備することとなり、近々公開予定となっている。敷地の広さは六千平方メートルと充分広いが、往時の半分ほどの面積になっているとか。一方、大田黒公園には大田黒邸だった昭和八年築の西洋館があり、角川源義邸は和風モダンの巨匠・吉田五十八の設計。

この近くにあるのが児童文学者の石井桃子の家だ。石井桃子は平成二十年に百一歳で亡くなったが、存命中から自宅内の「かつら文庫」を児童図書館としていて、今も週一回開放されている。自伝的小説『幻の朱い実』には戦前の荻窪の風景が描かれている。

井伏鱒二の仕事として意外に思うものに、児童文学である『ドリトル先生』シリーズの翻訳があるが、この翻訳を井伏に勧めたのが同じ荻窪に住む石井桃子だったとか。作家同士が近所に住むとこんな結実があるということだ。

西荻窪　「一つ目小町」の魅力上昇中

西荻窪にある東京女子大学に通っていたのは、もう人にいえないくらい昔のことだ。家からは中央線ではなく地下鉄東西線の直通電車で高田馬場から西荻窪駅まで行き、朝は時間的に常に切羽詰まっていたので駅前からは路線バスに乗って大学まで行っていた。しかし帰りは友人たちとおしゃべりしながらだらだらと三十分以上かけて西荻と吉祥寺の住宅街を蛇行するように歩き、サンロードを抜けて吉祥寺駅から帰っていたものだ。

ごく最近、この女子大から吉祥寺までの思い出の通学路を歩いてみたら、かなりの家が建て替わって街並みの印象がまったく変貌していたのには驚いた。以前は戦前からあるような立派で大きな家が多く、表札には名前と一緒に醫學博士などという称号が入っていたりする家もあり、いかにも知的程度が高そうな人たちが住んでいるという雰囲気があった。

西荻窪駅の北側、住所でいうと杉並区西荻北一帯は、杉並区内、そして中央線沿線でも地価が高く人気もあり、なかなかの高級住宅街である。旧井荻村の村長・内田秀五郎が地元民を説得し、大正末から昭和初期にかけて区画整理を行ったため、現在の整然とした住宅街が実現した。西荻窪駅の開設を陳情したのも内田らで、西荻発展の礎を作った内田の銅像が善福寺公園の池のほとりに立っている。

最近の西荻窪にはパン屋、雑貨屋、古書店、カフェ、バルなどが次々に開店し、中央線でももっともお店の充実度が高い街になっている。毎年吉祥寺特集を組んでいる女子向け街情報誌「Ｈａｎａｋｏ」でも、平成二十六年の特集タイトルは「吉祥寺vs西荻窪」だった。鉄道のターミナルであり、メジャー化、大衆化した吉祥寺では中央線らしい個性的なお店を開こうにも家賃が高く、それよりも穴場感のある西荻におもしろい店ができるようになっている。これはまさに八〇年代のバブルの頃の代官山のように、ターミナル駅から一駅目の小さな街に注目という「一つ目小町」の法則にあてはまるものだろう。

振り返ってみればそのバブルの頃、私はちょうど西荻に通う女子大生だったが、駅周辺には小洒落た店は見当たらず、老舗であるフランス料理と洋菓子の「こけし屋」と甘味処の「甘いっ子」くらいしか魅力を感じるものはなかった。当時は漫画家・東海林さだお行きつけの「ローストビーフの店　真砂」（平成十九年閉店）、タンメンが旨いと有名な「はつね」は、すでに名店として知られていた記憶があるが。西荻における「一つ目小町」化はその後盛り上がってきたもののようだ。

そのほかこの街で比較的古い店は、喫茶店の「物豆奇《ものずき》」（昭和五十年開店）、「どんぐり舎」（昭和四十九年開店）、「ダンテ」など。北口と南口両方にある居酒屋「戎《えびす》」も昭和四十八年開店。高円寺や阿佐ケ谷などよりも住宅街としての色合いの濃いこの街にも、七〇年代には当時の若者相手の飲食店がいろいろ開店していたのだ。昭和五十一年に元ヒッピーだった若者が西荻窪で始めた有機栽培野菜店＋自然食レストラン＋書店が「ほびっと村」。現在中央線沿線には有機野菜の店が多いが、そのパイオニアとなった店でもある。

そしてまた西荻はアンティークショップ街としても知られるが、私が東京女子大を卒業した一九八〇年代後半頃に今風な古家具や生活雑貨、和食器などを売るおしゃれアンティークの店が増えた。それまでは高級住宅街のお屋敷からの出物を商う昔ながらの骨董店風の店が主だったようだが。

学生時代のもう一つの思い出といえば「丹波通り」だ。たまに授業の具合で帰り道が一人になる時は西荻窪駅から帰ることにしていて、その時によく通っていたのが俳優・丹波哲郎の住む立派な家の前だった。東女の学生の間では通称「丹波通り」と呼ばれていて、今思えば、彼は当時の地元の名士、西荻セレブだった。丹波哲郎といえば、ショーン・コネリーと「００７」映画で共演したのと、刑事ドラマ「Gメン'75」

のボス役の印象が強い。芸能界の大物で、晩年「大霊界」の使者としても知られた。彼は、実は中央線沿線とは地縁が深く、もとは大久保から西新宿一帯の大地主の息子として生まれ、俳優となり、一九六〇年代後半からこの地に住んだ。「Gメン'75」は西荻窪からも近い東映大泉で撮影されたので、西荻窪周辺の杉並区内、練馬区内のロケもひんぱんに行われていたとか。また、地元の「こけし屋」を贔屓にしていてアップルパイが好物だったという逸話もある。

女子大時代のもうひとつの芸能界的な思い出は、入学式の次の日、学校の正門前で遭遇したできごとだ。門の外でサークル勧誘のビラを配っている男子学生がいて、その二人が中井貴一と時任三郎だったのだ！　山田太一作のドラマ「ふぞろいの林檎たち」のロケだった。私の大学時代、中井貴一は吉祥寺の成蹊大学に通う大学生で、クラスの友だちが井の頭線のなかで中井貴一に遭遇して握手してもらったことをみんなで羨ましがったのを憶えている。

東京女子大のある住所は杉並区善福寺。しかし、正門を一歩出た吉祥寺側は武蔵野市になる。キャンパス内の公衆電話は市内通話で当時十円で三分間話すことができたのに、ある日門の外の公衆電話を使ったら、三十秒か四十五秒で突然ガチャンという音がして通話が途切れ、そこが杉並区ではないことを思い知った。携帯電話のない時代に青春を過ごした者の昔話だ。

上・東京女子大学のキャンパス。
下・居酒屋「戎」がある路地。

女子大の裏には善福寺公園がある。上《かみ》の池、下《しも》の池の二つの湧水池から成る善福寺池を囲んだ敷地が公園となっていて、池は善福寺川の水源でもある。この公園の周辺も高級住宅地で、私が大学生の頃は歌手の橋幸夫の家があり、最近この近くを歩いていたら脚本家の倉本聰の豪邸を発見した。

この池を公園にしたのは、やはり周辺を区画整理した内田秀五郎だった。昭和九年、善福寺風致協会を設立し、地主たちが土地を提供し、池のほとりに木を植え、田んぼと湿原だった場所を下の池に造成するなどして、現在の公園の原型を造った。

上の池にある島には江の島の弁天様を勧請した社があり、ここには干ばつの時に近隣の村の人々が雨乞いの祈願にやってきたという。その雨乞いの行事は昭和二十四年まで行われていたというから、当時このあたりはまだ田んぼや畑のある農村地帯だったのだろう。

善福寺川はその流域が杉並区内だけで完結していて、西荻から中央線の線路を横断して南東方向に荻窪、阿佐ケ谷、高円寺の街を通って地下鉄丸ノ内線の中野富士見町駅近くで神田川に合流している。住宅街を蛇行しながら流れるのどかな川という印象があるが、平成十七年には豪雨で増水し、大きな被害を出したという一面もある。

善福寺池には弁天様が祀ってあり、川の水源であるという点でも井の頭公園の池と共通しているのに、それほど注目されていないようだ。しかし満々と水をたたえた池の風情には神々しささえ感じ、中央線沿線のパワースポットの一つだといってもよいと思う。

吉祥寺　この街からなくなったもの

中央線沿線でも吉祥寺は人気ナンバー1の街。このところいつも「住みたい街ナンバー1」という肩書きで紹介されている。吉祥寺がその地位を占めだしたのは二〇〇〇年代のなかばからのこと。私が子どもの頃、この街を初めて知った一九七〇年代なかばには、吉祥寺が東京のなかでもそんなにメジャーな街になるとは思ってもみなかった。さらに大学時代も通学路としてさんざん街をうろついたし、編集者になってからも中央線特集の取材などでずいぶんとあちこちを徘徊したが、いつの間にそんなに人気者になったのだろうか。

実は、この街では知らないところで意外な変化が起きていたということを今まで何度も経験している。そして最近の吉祥寺はすっかり変わってしまって「吉祥寺だけが住みたい街ですか?」という疑問を私だって投げかけてみたくなることばかり。

近年で驚いたことといえば、吉祥寺駅の高架下のショッピング街「ロンロン」がある日来てみたら突然「アトレ」になっていたこと。恵比寿や秋葉原にアトレがあっても、吉祥寺の駅ビルには飽くまでもロンロンという名前しかないだろうというのが私の持論。ロンロンの食料品売場は大衆的なスーパーみたいで吉祥寺の街なかの食料品店とマッチした雰囲気だと違和感なく受け止めていたが、今はデパ地下のような高級そうなテナントばかりになり、ニューヨーク風なデリが並ぶディーン&デルーカや、パリに本店があるローズベーカリーだってある。

いずれ壊されるという噂のあったハモニカ横丁は、なぜか年々活気づいている。小洒落た寿司店やローストチキンの店などが次々に開店し、その狭間にアメリカ衣料の「ウエスタン」、漬物の「清水屋」、和菓子「小ざさ」、餃子「みんみん」と昔ながらの老舗が点在し、中央線のアメ横という風情。

また、この街では名店、人気店とされている店が突然なくなったりすることも多い。東急裏エリアでは、おしゃれなマダムが経営していたカフェ「お茶とお菓子　横尾」、絵本の店「トムズボックス」が閉店。ずいぶん前のことだが、今は人気料理研究家として活躍している高山なおみさんの無国籍料理の店「クウクウ」も閉店してしまった。

吉祥寺東急が開店したのが昭和四十九年。その後、東急裏一帯にはいろいろとおもしろい店ができ始めたが、今老舗として残っているのは、カレーの「まめ蔵」、洋菓子の「多奈加亭」くらいか。もっと古いのは高級スーパーの紀ノ国屋、ヨーロッパの輸入おもちゃ「ニキティキ」、「4ひきのねこ」という花屋さんあたり。

東急のほか、以前はこの街には伊勢丹と近鉄というデパートがあったがそれらもなくなり、伊勢丹は「コピス」というショッピングビルに、近鉄の建物は三越となり、今はヨドバシカメラとなっている。

そのヨドバシ裏も、いつの間にかカフェや雑貨店など吉祥寺らしいお店の集まるエリアとして発展している。実は以前からヨドバシ裏から中央線の線路側にかけては風俗街になっていて、線路沿いには屋上に自由の女神の像が立っている「ニューヨーク」というラブホテルがあった。これは中央線が吉祥寺駅のホームに入る直前にどうしても車窓から見えてしまう裏ランドマーク的な存在だったが、ある時気づいたらこれもなくなっていたのだ。

サンロードの果てにあった映画館「バウスシアター」も平成二十六年に閉館。吉祥寺大通り沿いにあった名画座もなくなった。どちらも大学生時代に「ぴあ」で今週は何が上映されているか調べて、映画を見た場所だ。やはり学生時代の放課後に友だちと店先でよく団子を食べていたサンロードの和菓子屋、パフェを食べにいった南口の「好味屋」もなくなってしまった。

南口駅前にあった「ボア」という洋菓子店は平成十九年に閉店。店内にあった東郷青児の絵は今どこに行ってしまったのだろうか。レトロな雰囲気が素敵な昔ながらの洋菓子店だった。「ボア」の近くにあったもう一軒のケーキ店「レモンドロップ」はハモニカ横丁の近くに移って盛業中。思えば、私の女子大生時代にはなかったような、かわいらしいカフェやケーキ屋さんがずいぶん増えたものだ。

子どもの頃から、そして大学時代から知っていた吉祥寺といえば、ロンロンのほか、この街一の目抜き通り商店街であるサンロードだろうか。この通りは以前から店の変遷の激しい通りだった。大学生の頃にあった店で今もあるのはマクドナルドと古書店の外口書店くらいだ。駅の南口側のあまりにさびれていて入るのが怖いようだった京王の駅ビル・ターミナルエコーも、ユザワヤを経て巨大なショッピングビル「キラリナ」に建て替わり、その周辺は吉祥寺ではない別の街みたいになった。

やはり南口の井の頭線のガードの近くの居酒屋「酒房　豊後」は、ある時行ったらなくなっていてあせったが、近くに移転。そして吉祥寺の飲み屋の老舗といえばなんといっても焼鳥の「いせや」。こちらも本店、公園店とも建て替わって新しくなった。私は小学校高学年の頃には毎週いせやの前を通って井の頭公園に面したマンションにあるピアノの先生の家に通っていたが、当時はこの店は自分の人生には一切関係のない場所だと確信していた。しかしその後の自分がここで昼酒を飲むようになったとは、少女の頃の自分に申し訳ないようだ。

井の頭公園は、吉祥寺の人気の源泉ともいえるような場所。その井の頭自然文化園にいた象のはな子が平成二十八年五月に六十九歳で亡くなった。私ははな子が亡くなってから初めて、吉祥寺の大いなるアイドルだったということを知った。「はな子逝く」のニュースはＪＲ吉祥寺駅でも報じられ、今、吉祥寺の街に行くと、なんと駅前にはな子の銅像を作るための募金が行われている。その存在に意識的でなかった自分も、小学二年生の時に初めて学校の遠足で井の頭公園に行った時、ピアノのお稽古の行き帰りに母と妹と井の頭公園に遊びに行った時、はな子に会っていたのだろう。

吉祥寺から多くのものがなくなっていったが、昔も今もあるものといえば井の頭公

上・吉祥寺駅北口前。
下・「ハモニカ横丁」。

園、そして生活圏としても充実している街並みだろう。家賃が高くなって大資本しか出店できなくなったといわれながら、未だ街の中心ではおでん種屋やメンチカツの人気店、乾物屋などが繁昌している。無農薬野菜の店が多いが、ただ無農薬ならなんでもいいというわけではない。「吉祥寺では野菜を選ぶおばさんの品定めが厳しい」と八百屋のおじさんがぼやいていた。若者だけでなく、子どもも主婦も家族連れも老人もいる街。街を歩く人の年齢層が広いことが吉祥寺ならではのよさだ。

思えばこの街では東急裏、ヨドバシ裏と、大きな商業施設の裏側の路地が毛細血管のようになり店が増殖し街が活気づいている。井の頭公園の周りや末広通りなど、昔は住宅街だったようなところが今商業圏になっていることにも驚く。ロンロン時代からアトレに変わって、中央線高架下の商業スペースもかなり西荻方向まで延びた。そしてそれが吉祥寺の膨張のようにも思える。

吉祥寺の街を、なくなった店や移転した店を思い出しながら歩いた日、その一方で新たに見つけた店や以前から知っていたけれど初めて入る店というのも多くあり、この街にはまだまだ私の立ち回り先がたくさんあることに気づいた。私にとって吉祥寺は「住みたい街」ではないが、たびたび出かけたい街ということになっているようだ。

都心を駆けるオレンジ電車

東京　赤煉瓦の始発駅

東京駅の中央線ホームはもっとも丸の内側の一、二番線にある。地上三階と、この駅では一番高い位置にあるのでホームからの見晴らしは抜群。駅構内のほかのホームも見えて、八重洲側には東北新幹線や東海道新幹線も見下ろすことができるのがいい気分だ。

中央線にとって東京駅は始発駅。そのホームをもっとも有楽町寄りまで歩いていくと、頭端式といって線路が行き止まりになっている地点が確認できる。ここから中央線の線路は始まり、快速の終点高尾や、その先で山梨や長野を経て最終的に名古屋まで行く。

ふと思い立って0キロポストを探してみる。0キロポストというのは、鉄道の起点を正式に表す標識で、東京駅には東海道新幹線や東北新幹線、東海道線などの0キロポストがあるが、中央線のホームにもこれがあるはず。ホームの端から線路際を見つめながら探していくと、ホームなかほどの一番線側に発見したのは赤煉瓦の土台の上に載った大きな0の数字。丸の内側の赤煉瓦駅舎のデザインに合わせた立派なものだ。

中央線が東京駅に乗り入れるようになったのは、東京駅ができた五年後の大正八年。それまでの始発駅だった万世橋から東京駅までの線路が延伸されて、起点が東京駅になった。

東京駅で中央線に乗ると、始発駅なのでたいてい座ることができる。私は都心からは地下鉄で家に帰るほうが便利なのだが、東京駅のこのホームが好きだという理由で、少し遠回りになってもあえて中央線ルートを選ぶことがある。そんな時には運転席の真後ろに陣取って線路の進行方向を凝視することもたびたび。中央線の線路はまっすぐという印象があるが、それは東中野駅から立川駅間に関してで、東京駅から新宿、そして東中野まではカーブも勾配も多く車窓の景色も美しい。東京から新宿までは約十五分。その間、特に鉄道マニアでない人にとっても、この運転席後ろからのパノラマはかなり楽しめるものだろう。

平成三年に東北新幹線が東京駅に乗り入れることになり、新たにそのホームが必要になったことで、丸の内側に現在の中央線ホームが増設された。それまでの中央線は、現在の三、四番線である京浜東北線と山手線のホームを使っていた。今、その三、四番線にいってみると一、二番線とは見晴らしも存在感も違い、以前の中央線はこんなホームから発着していたのかと驚く。

平成二十四年には、赤煉瓦駅舎の復元工事が完成。中央線のホームからも大正三年の創建当時の姿に復元されたドーム天井屋根が間近に見えるようになった。

復元される以前の東京駅は二階建てで八角屋根だったが、その駅舎の姿も今となってはなつかしい。創建時の三階建てドーム天井の駅舎は昭和二十年五月の空襲で炎上し、屋根が焼け落ちてしまった。敗戦後しばらくは焼けただれた姿をさらしていたが、昭和二十二年三月に二階建て八角屋根の姿で復活。オリジナルとは違う姿になったが、修復されたことで東京の戦後復興の象徴となった。

私が子どもの頃から慣れ親しんでいたのは、この戦後に修復された東京駅だった。それを創建時のドーム天井の姿に復元するとなった時、一部の建築史の専門家から、戦後の八角屋根の駅舎はすでに五十年以上の歴史があるということでこれを壊すことに対して異論が出されたりもした。しかしオリジナルの東京駅の姿が復元されると、その威厳のある姿はすっかり東京の観光名所になったようだ。駅舎の前では日本人、外国人を問わず写真を撮っている人が増え、駅前にも丸ビルやＫＩＴＴＥ、駅ナカ商業施設も充実したことで断然人通りが増えた。

復元成った赤煉瓦駅舎前では、その後も駅前広場のリニューアルが行われていて大規模な工事中。思えば私がものごころついた頃から、この東京駅駅前と駅ナカが工事中でなかったことがないような気がする。そして最近の工事中、駅前からいつの間にかなくなってしまった鉄道遺産がある。それは駅前広場にあった「鉄道の父」井上勝の銅像、そして丸の内北口側にあった外堀アーチ橋の橋塔。どちらもこの東京駅前にあって風格ある文化財だと思っていたものだが、工事のために一時的にどけられたのかと思っていたところ、なくなってからずいぶんと時が経つので、永遠に撤去されてしまったのかもしれない。いったいどこに行ってしまったのだろうか。

一方、丸の内に先を越された感があるのは東京駅を挟んだ八重洲側。もともと八重洲口は丸の内口に遅れ、昭和初期に開設されている。戦後の昭和二十九年には関西系のデパートである大丸が駅前に進出し、三十九年には東海道新幹線の駅ができて周辺の開発が進んだ。今の八重洲側にはその頃に建ったシブいビルが数多く残っている。二〇〇〇年以降には駅前に二棟の超高層オフィスビルや、グランルーフという正面玄関、ラグジュアリーホテルなどができたが、今後はその向かい側の街並みの再開発が始まり、駅前の地下には巨大なバスターミナルができる。日本橋寄り、日銀にも近い日本ビル跡が再開発され、日本一の高さの超高層ビルが建設される予定もある。

もともと東京駅は天皇のためとして造られた駅だったとも言える。丸の内口の正面は皇居であり、丸の内口の中央には皇室専用の貴賓室が設けられた。

一昔前、天皇陛下や皇族の方々が全国各地に出向かれる時は、原宿駅に近い宮廷ホームからお召し列車に乗って行かれることが多かった。しかし近年は新幹線網が発達し、東京駅を利用されることが増えているようだ。

　私自身、天皇皇后両陛下を東京駅でお見かけしたことも何度か。ある時、小田原から大急ぎで帰ってくる必要があり新幹線に乗った。在来線の半分以下の時間で東京駅に着くことができてやれやれと思って改札に向かうと、ホームや構内にはＪＲの腕章をした人や警察官が大勢いる。改札を出るとその周りで待ち構えている駅の利用客もたくさん。緊張感がみなぎるなか、改札前にいたおばさまに「誰が来るんですか？」

上・復元された赤煉瓦駅舎。
下・中央線のホームからは赤煉瓦駅舎がよく見える。

と尋ねたところ「天皇陛下が……」という答え。急いでいるから新幹線に乗ってきたはずなのに、そのおばさまの隣りに並んで私は天皇皇后両陛下が改札を出ていらっしゃるのを待った。

最近の東京駅は駅の地下街や駅ナカのショッピング街化が極度に進んでいる。仙台の牛たん人気店が軒並み進出し、都内の有名店が並ぶラーメンストリート、全国の駅弁が買える店、本格コーヒーや日本酒の店。人気のあるケーキやパンの店などが並んでいてデパ地下にも負けない充実ぶりだ。東京駅で中央線に乗る時は、そんなお店に寄ってパンやお惣菜を買うという楽しみもある。東京駅のなかのどこに行けばどんなお菓子が買えるか、どんなレストランがあるかは、常に私にとってチェックしておくべき重要事項となっている。

東京駅中央線のホームには、日に一本だけ松本から直通の特急スーパーあずさが到着する。いつもは新宿駅に発着するスーパーあずさの姿を、このホームで見ると意外性を感じるものだ。このスーパーあずさの車両も近い将来、新型のE353系に変わる予定。そして、中央線快速列車でもグリーン車二両を連結して十二両編成で運転する準備が進められている。そんな新車両の姿を、この東京駅の一番いい場所である中央線ホームでいち早く眺めてみたいものだ。

神田　充実のガード下は線路密集地ならでは

　神田駅前ではいつも私は迷子になる。江戸以来の碁盤目状の街路を、明治以降にできた鉄道線路が斜めに突っ切っている。そのために東西南北の方向感覚を失うのだ。おまけにガード下にある神田駅では、どの改札口を出ても目の前はどこも同じような風景。ただでさえ方向音痴である私は、これで混乱の坩堝《るつぼ》に陥る。

　神田駅は中央線の駅として大正八年に開設。この駅においては意外なことに、山手線は中央線より後輩であり、山手線上野―東京間の線路は大正九年に起工し、大正十四年九月に竣工。これによって今のような環状運転ができるようになった。

　神田駅周辺は、江戸時代から町人地として発展していた、まさに江戸の中心だった場所。そこに鉄道線路を通すのはやはり困難な事業だったようで、上野―東京間の線路は山手線でも最後の最後に完成した区間だった。

　神田駅という都心の密集した街なかに、山手線と京浜東北線、中央線の線路が通っているだけでもたいへんだが、ここに東北・上越・北陸新幹線の線路を通し、さらに東北縦貫線といわれる常磐線などが上野と東京を貫通する線路ができた。そのためこの神田駅周辺では、線路がこれ以上ないというほど高架化、密集化している。日本の鉄道建設技術はここまで来たかと驚くほどの重層化が行われ、騒音防止のためか周囲を囲まれた線路は、駅前の通りから見るとまるで七〜八階建てのビルディングのように見える。

この東北縦貫線が開通したのは平成二十七年三月。これによって上野駅停まりだった東北線や常磐線は東京駅までつながり、さらに東海道線と直通運転するようになり、「上野東京ライン」が運行開始した。しかし、この線路が建設されるにあたっては線路周辺住民が重層化を差し止める訴訟も起きている。

その線路が重なり合う神田駅のガード下の周辺は、かなり充実した飲み屋街。そのなかでも中央線の煉瓦貼りガードの下は風情ある街並みとなっている。縄のれんや提灯の下がる店先は夕方になるとあやしい魅力で会社帰りのサラリーマンをひき付ける。

このガード下には「升亀」という大衆酒場があり、今は亡き高円宮様の行きつけの店だったとか。六〇年代後半に創業したこの店では朝から飲めるため、東京駅などの夜勤明けの鉄道関係者の常連も多い店だった。しかし平成二十五年十二月末に閉店。

また、東京駅寄りのガード下にある「今川小路」という飲み屋街は特にディープな魅力を秘めている。しかし往時はにぎわっていた雰囲気を持ちながら今は営業しているのかどうかわからない店がほとんど。このガード下の道にはかつて小さな川が流れていたというが、今行ってみてもそんな雰囲気を感じる。ＮＨＫの朝のドラマ「あまちゃん」では、薬師丸ひろ子が演じる女優・鈴鹿ひろ美の行きつけの店である、ピエール瀧の演じるすし屋「無頼鮨」がこの今川小路にあると設定されていたが、よくぞこの場所を選んだものだと感心した。

駅周辺で最近女子会の会場としてたびたび訪れているのは中国東北料理の「味坊《あじぼう》」という店で、ラム肉と香菜山盛りの料理が人気。日本語が通じないかもしれないというような片言の中国人の店員さんしかいない店で、お酒はフランスのビオワインが揃っているのがおしゃれな感じだ。

神田駅周辺には神田鍛冶町、神田紺屋町、神田北乗物町など由緒のありそうな町名が並んでいる。神田駅周辺では今も計二十六カ町が戦前からの町名を名乗っていて界隈を探検すると江戸時代からの町人の町の歴史を感じることができる。

駅から線路に沿って歩いていくと、中央線線路は神田川に沿って西の御茶ノ水駅へ、山手線の線路は神田川を渡って北の秋葉原駅方向に向かう。その中間にあるのが神田川に架かる万世橋で、かつて中央線の始発駅はこの橋のたもと万世橋駅にあった。

中央線は明治二十二年に、新宿―立川間に開通し、その後都心側に徐々に延長されていった。明治四十五年に万世橋駅が完成。しかし大正三年に中央停車場として東京

上・煉瓦貼りのガード下。
下・ホームの重層化で現れた風景。

駅ができたため、中央線は大正八年に東京駅まで延長し、万世橋は中間駅となる。また、この年に中央線神田駅が開業したので、万世橋はすでにあった御茶ノ水駅との中間に位置し、中途半端な存在になってしまう。

万世橋周辺は当時は東京一ともいえる繁華街で、市電（後の都電）の多くの路線が集結する交通の中心地だった。駅の建物は東京駅と同様に辰野金吾設計の赤煉瓦建築で、中央線のターミナルにふさわしいたいへんに立派なものだったとか。しかしこの駅は関東大震災で焼失してしまう。二代目の駅舎が建てられ、再び万世橋駅は復活するが、戦時中の昭和十八年に休止。その後復活しないまま廃駅となった。

この旧万世橋駅の一部は昭和十一年に鉄道博物館となり、戦後には交通博物館になった。この博物館には私も子どもの頃から連れて行かれ、編集者時代も鉄道特集の取材で何度も通い、私を鉄道マニア修業に導いてくれたありがたい存在だ。しかし平成十八年五月には惜しまれつつ閉館。

その交通博物館跡地は現在、「マーチエキュート神田万世橋」という商業施設になっている。赤煉瓦造りの中央線の高架橋下がショップや飲食店になっていて、旧万世橋駅時代の階段などの遺構を見ることもできる。画期的なのは、駅のホームが再現されていてそのガラスで囲まれている空間の両側を本物の中央線の電車が行き来するのが間近に見えること。その空間から神田、秋葉原の街を見渡すと、この万世橋という場所が東京の中心であった時代と、中央線の歴史を感じることができる。

御茶ノ水　「千代田区好き」も集まる昔からの学生街

中央線沿線の特徴の一つに、大学があり学生街が多いということがある。御茶ノ水という街は、最近はずいぶんとオフィス街化したが、今も都心の学生街だということができる。

今はなつかしい曲だが昭和四十七年にヒットした歌謡曲「学生街の喫茶店」を聞くと、その歌の舞台が御茶ノ水の街であるような気がする。「君とよくこの店に　来たものさ　訳もなくお茶を飲み　話したよ……」実際にこの歌にはモデルとなった喫茶店はないそうだが、曲調と詞からは、その時代の御茶ノ水駅周辺、駿河台、神保町あたりの街の感じが思い浮かぶ。

一九七〇年代の御茶ノ水は、今以上に学生の街としての雰囲気が濃厚だったようだ。明治大学、中央大学、日本大学、そして医大である東京医科歯科大学、順天堂大学のキャンパスがあり、そのほか駿台予備校、御茶の水美術学院、文化学院、アテネ・フランセなどの学校が並んでいた。今も中央大学以外の大学はこの街に存在し続けているが、オフィスビルが増え、駅の北側の医科歯科大と順天堂の病院の建物がそれぞれ巨大化して妙に目立つようになった。

大学紛争が激化した昭和四十三年の六月二十一日、御茶ノ水では「神田カルチエラタン闘争」が発生。御茶ノ水駅から駿河台下にかけて学生たちがバリケードを築き機動隊と衝突した。火炎瓶や投石に対し、機動隊は催涙ガスで応戦。御茶ノ水駅が群衆で埋まり、電車がストップしたというから、これは中央線の歴史においても一大事件だっただろう。

一九七〇年代の後半以降、都内では大学の郊外移転が進んだが、中央大学が多摩に移転したのは昭和五十二年のこと。明治大学の駿河台キャンパスも郊外移転を計画していたが、移転先探しなどで出遅れている間に世の中の状況は変わり、超高層のキャンパス、リバティタワーやアカデミーコモンなどの都心で学べる環境でかえって受験者数を増やし、大学受験業界で一周遅れのトップランナー的な位置を占めるようになった。

平日の昼間、御茶ノ水駅付近や駿河台下、神保町あたりを歩くと、今もこの街には若者が多く、学生街としての活気があることを実感する。学生向けの安くてボリュームのある飲食店、昔ながらの喫茶店、古書店街と、学生街に必要な街の要素が揃っている。

明治大学リバティタワー脇の急坂を上ったところにあるのは山の上ホテル。作家、池波正太郎お気に入りだったホテルで、そのほか多くの文士御用達のホテルとしても知られる。周辺に出版社が多いせいか、ここは作家がカンヅメにされる場所として恒例になったらしい。館内のレストランでは池波正太郎の絵が飾られているコーヒーパーラー「ヒルトップ」と、てんぷら「山の上」が特に有名だ。「山の上」は何人もの名天ぷら職人を輩出した〝名門〟でもある。

山の上ホテルは本館と別館が向かい合わせに立っていて、別館にもいろいろと楽しげな飲食店やバーなどが入っていたのでよく利用していたが、平成二十六年に閉館し売却されてしまった。取得したのはお隣りの明治大学なので、ここも明大の校舎になるのだろうか。

その明治大学のアカデミーコモンという建物の地下には無料で入場できる博物館があって、ギロチンや江戸時代の打ち首晒し台、中世ドイツで使われた「ニュルンベルクの鉄の処女」という内部に閉じ込められると身体中に鉄の串が貫通するという恐ろしい拷問用具などが展示されている。刑法学教育のための展示ということだが、なんだかすごい博物館だ。また、同じ建物内に卒業生の阿久悠記念館というのもあり、この人がいかに多くの昭和歌謡の名曲を作詞してきたかもわかる。

明治大学はなぜか日本の芸能界に豊富な人材を輩出していて、古くは古賀政男、大物では高倉健、唐十郎、ビートたけし、立川志の輔、宇崎竜童・阿木燿子夫妻。最近では北川景子、井上真央、向井理などと錚々たる面々の卒業生がいる。

最近の御茶ノ水駅近くの淡路町方面には、超高層の新しいオフィスビルが続々と建設されている。日立製作所の本社ビルがあったところにはソラシティ、隣りの千代田区立淡路小学校跡地にはワテラスというものができて、こちらはオフィスのほかマンションや学生用の住居などもある複合開発になっている。

上・総武線（左上）、中央線（右上）、丸の内線（左下）が交差する。
下・ソラシティ（左）とワテラス（中）。

千代田区内の新築の大型マンションは億の価格が付く高額物件が多いが、都心のマンションを居住用や投資用に買う人には「千代田区好き」という人が一定数いて、販売開始とともにあっという間に売れてしまうのだとか。大手不動産会社の営業の人に聞いた話だ。この淡路町のワテラスのマンションもすぐに完売したらしい。

御茶ノ水駅の駅前、地下鉄千代田線の新御茶ノ水駅上にある新お茶の水ビルの中にはいろいろ飲食店が入っていて、最上階二十一階には見晴らしのよい「銀座アスター」の店がある。

このビルは出版取次大手「日販」の本社ビルで、編集者だった時代にはここに「部決交渉」というのに何度か来たことがある。営業担当者と一緒に、その月の号を何部取次に入れてもらうかを交渉するのだ。多い部数を入れてもらえればその号がたくさん売れる可能性があるが、少ない部数しか取ってもらえないと、それだけでこの号はダメかもという気分になる。「部決」は毎回真剣勝負だった。

御茶ノ水駅付近は、沿線で随一といってよいほど車窓から、駅ホームから、そして駅前からの眺めがよい。駅舎はただいま改装中で、神田川には巨大な工事用の足場が設置されている。この神田川は、江戸開府後に幕府の命によって仙台伊達藩が担当する土木工事によって切り開かれたもので、仙台堀ともいわれる。

ホームなかほどには何やら巨大なコンクリートのかたまりが存在していて、これはいったい何だろうと考えてみたところ、神田川に架かる聖橋の橋脚なのだった。その聖橋が架橋されたのは昭和二年。関東大震災の復興事業でだった。

現在の御茶ノ水駅の駅舎が建設されたのはその六年後の昭和八年。この時に中央線の御茶ノ水―中野間の複々線化と総武線の御茶ノ水駅乗り入れが行われた。お茶の水橋口側の駅舎は、今見るとよくわからないが、当時最先端のモダンな建築の駅舎で、それが現存していることが貴重だ。

聖橋の名前の由来は、橋の両側のニコライ堂と湯島聖堂という聖なる地を結ぶことにちなんでいる。ニコライ堂は、鹿鳴館を設計したお雇い外国人、コンドルの作品。江戸幕府の学問所だった湯島聖堂大成殿は関東大震災で焼失したため、昭和十年に伊東忠太の設計で再建された。御茶ノ水駅前にはこの二つの歴史的名建築があるのだが、案外見にいったことがあるという人は少ないのでは。

先だって初めて知った御茶ノ水駅前の景観は、神田川を航行するボートから聖橋や中央線のホーム、神田川の土手を見上げるというものだった。今までよく知っている風景を反対側から眺めるのはなんだか新鮮だった。

水道橋　スタヂアムとドーム

ＪＲ水道橋駅の発車メロディはずいぶん前からプロ野球巨人軍の球団歌「闘魂こめて」だ。この駅は最寄りの東京ドームで巨人戦が行われる日にはたいへんに混み合う。特にナイターが終わった後はラッシュ時並みで、隣り駅である飯田橋にある出版社に永年勤務していた私は、その時間帯に出遭わないように用心していたのを思い出す。

このほかにドーム周辺が混み合うのは大物アーティストのライブがある時。特にＳＭＡＰや嵐をはじめとしたジャニーズ関係のライブの日は、ダフ屋さんも大量に出没して異様な盛り上がりを見せていた。日本武道館以上の檜舞台であり大バコであるドームは、野球場であると同時にコンサート会場、イベント会場としてもフル稼働していて、水道橋駅の構内放送を聞いていると、その日にドームで何が行われるかによって駅の受け入れ態勢を整えているようだ。

ドームや遊園地のある東京ドームシティ一帯には、以前は後楽園スタヂアムと後楽園ゆうえんちがあった。後楽園スタヂアムができたのは昭和十二年のこと。小学生の時、ここで初めて巨人戦を見たことを憶えているし、昭和六十二年に、当時一世を風靡していたマイケル・ジャクソンが来日した時にライブを見に行ったこともあった。

スタヂアムが開設された頃は東京には大学野球の試合が行われる神宮球場などしかなく、プロ野球用の球場が必要とされていた。昭和戦前のモダン都市時代は、映画館や劇場など都市の娯楽施設が次々と建設された時期で、野球場という施設もその一ジャンルを担っていた。以前の後楽園スタヂアムがそんなモダン建築だったとは、今思えば壊されてしまったのが惜しいような気もする。

スタヂアムはなくなり、今は東京ドームとなっているが、スタヂアムのあった場所とドームの場所は異なっている。スタヂアムがあった場所には現在、東京ドームホテルが建っていて、ドームのある場所には以前は競輪場があったというのも意外な事実。

東京ドームシティ一帯は、江戸時代には水戸徳川家の上屋敷だった土地で、明治になってからは陸軍の兵器を製造する砲兵工廠となった。水道橋駅が開設されたのは、この砲兵工廠や周辺の工場に通う工員のためだった。砲兵工廠は関東大震災で壊滅的な被害を受け、その後民間に払い下げられて野球場や遊園地になったというわけだ。

昭和六十三年に東京ドームができて以降、遊園地はリニューアルされ、ドームホテルや都市型温泉施設のラクーアの入るビルなどもできて、その全体が総合エンターテインメント施設である東京ドームシティとなった。都内にいろいろある温泉施設のなかでも私はここにあるラクーア贔屓。会社から近かったので、日々疲労していた編集者時代には深夜によくラクーアに行っていたものだ。

かつてのこの場所、水戸徳川家の邸内には後楽園という回遊式の大名庭園が設けられた。その小石川後楽園は現在は都立庭園となっていて、入口は水道橋駅からはかなり遠いところにある。地図で見ると一見水道橋駅が最寄りのように思えるが、この庭を鑑賞するには地下鉄大江戸線の飯田橋駅を利用するのがむしろ便利だ。

小石川後楽園入口の近くには日中友好会館という留学生寮や中国語学校などのある施設があって、本格的な上海料理のレストランや中国茶の専門店もあり、なかなか穴場感のあるところ。後楽園も花見の季節以外はだいたい空いているので、都心のオアシス的な場所だといえよう。水戸藩二代藩主の水戸黄門、光圀公の時にできた庭園は、木曾路や琵琶湖、伝説の蓬萊島、中国の西湖、廬山など各地の名勝を見立てた風景が表現されているもので、その解説を読みながら園内を巡るとなかなか勉強になる。

この水道橋駅付近では、中央線の線路を隔てて北側と南側では著しく街並みが異なる。後楽園と反対側である駅南側は、江戸時代には武家地と町人地が入り交じり、現在は白山通りの両側には日大の法学部や経済学部、東京歯科大、私立高校、各種専門学校などが並ぶ学生街となっている。

水道橋駅から白山通りをまっすぐ南下していくと、神田神保町の交差点にぶつかる。

この白山通り沿いにもけっこう古書店が多く、神保町の古書店街の一部になっている。

学生街、オフィス街でもあるので界隈には安くて手軽な飲食店もいろいろ。その代表的なものは「餃子の王将」の水道橋店だろう。京都に本社のある王将の店は東京には関西より少なく、この水道橋の「王将」は下北沢の「王将」と並んで東京の旗艦店《フラッグシップ》ともいわれてきた存在だ。この支店独自の餃子食べ放題・ドリンク飲み放題・料理五品付きの宴会コースは王将マニアの間でも熱い支持を受けているとか。

上・水戸徳川家上屋敷跡地の東京ドームシティ。下・神保町方面に出る水道橋駅東口。鉄骨の高架が残る。

水道橋駅付近では中央線の線路は神田川と並行している。その東口駅前で神田川に架かっているのが、駅名になっている水道橋。江戸時代、この橋上からは神田川の下流側に神田上水の万年樋が見えたことから水道橋と呼ばれるようになった。

駅近くの御茶ノ水寄り線路北側には本郷給水所公苑があり、敷地内には神田上水の流れが復元されている。隣接して東京都水道歴史館という江戸東京の水道の歴史に関する水道局の展示施設があり、ここは未だに〝水道〟に縁の深い土地となっている。

飯田橋　フランスの香りただよう都心の穴場

ただいまJR飯田橋駅のホームは工事中。現在のホームは激しくカーブしていて、特にカーブ外側にあたる新宿方面側はホームの真ん中あたりで電車との間が三十センチくらい空き、かなり危険な感じだ。駅のホームがこんな曲線になってしまったのは、水道橋寄りにあった飯田町駅と市ケ谷寄りにあった牛込駅を合併し、その中間地点に飯田橋駅を造ったから。今後ホームの位置が市ケ谷寄りに移動するということで、西口の赤い屋根のかわいらしい駅舎もすでになくなってしまった。

西口の駅前はここ十年ほどで大変貌した。以前駅前にあった東京警察病院が中野に移転し、その跡地が「飯田橋グラン・ブルーム」という、オフィス、マンション、商業施設が入る超高層ビル群になった。このほかにも線路沿いにはプラウドタワーという三十八階建てのタワーマンションができて、あっという間に超高層建築が林立する街になった。千代田区の大型マンションの新規物件は人気が高い。サクラテラスのマンションも早々に完売し、値付けをもっと高くしておくべきだったのではという反省

（？）があったという噂も聞いた。

飯田橋というと麴町や番町のようにお屋敷町感がないし、地名としてのアピール度は低いように感じるが、ここはまさに都心の穴場。中央線のほかにも地下鉄が四線ある超交通利便性の高い土地なのだ。加えて最近は駅から近い神楽坂が大人気。今も花柳界があって料亭や和食の店が多い一方、イタリアン、スペインバル、パティスリーなどおしゃれな店がひしめいていてミシュラン星付きの店も何店かある。

神楽坂に特にフランス料理の店が昔から多かったのは、すぐ近くに日仏学院（現在はアンスティチュ・フランセ東京）があったりフランス人の住民が多いからといわれてきた。飯田橋駅から九段寄りには在日フランス人子弟向けの学校「リセ・フランコ・ジャポネ」があったので、多くのフランス人が神楽坂付近に住んだ。暁星と白百合というフランス語が必修の名門私立校もあるし、このあたりは何かとおフランスの空気が漂う街。しかし最近リセが北区の滝野川に移転したので、子どもの通学のために引っ越した世帯も多く、北区方面に新たなフランス人コミュニティができているらしい。

四月と十月に行われる靖国神社の例大祭と七月の「みたままつり」の時には飯田橋駅西口に大きな案内板が出る。靖国神社は駅前から九段方面に十分ほど歩いたところなのだが、閣僚の参拝問題などニュースで取り上げられることも多く、外国人観光客も含め、以前より訪れる人が多くなったようだ。最近は夏の「みたままつり」に若者が集まりすぎ、境内いっぱいに並んでいた露店がまったく出店されなくなった。

　そして靖国神社の目の前にあるのは、なんと朝鮮総連の入居しているビル。最近このビルの売却に関する不正取引騒ぎがあって、こちらに関してもマスコミで大きく取り上げられたが、結局総連はここに留まっている。

　駅の近くには法政大学、日本歯科大学、東京理科大学と三つも大学があって、私立や都立の小中高校もあり学生街ともなっている。また、飯田橋には出版社も多い。角川書店、家の光、秋田書店、潮出版、竹書房と大手から中小まで。私が勤めていた都市出版「東京人」編集室も東京大神宮の近くにあり、新卒で就職した二十二歳の時から二十年以上もこの街で過ごし、飯田橋にはたくさんの思い出がある。

　私が飯田橋に通勤し始めたのはバブル期。地上げが激しく、会社の近くに残っていた戦前築の看板建築や木造の家屋もこの時期にずいぶんとなくなった。それ以前には駅ビル「ラムラ」の再開発が、バブル以後には飯田町貨物駅の再開発で「アイガーデンエア」ができた。

　昭和五十九年に完成した駅前のラムラの開発に関しては地元の抵抗が相当あったらしい。それ以前、神楽河岸という名前のこの場所には材木問屋が並んでいて、江戸時代から神田川の水運で材木を運び商っていた伝統があった。

上・飯田橋駅の急カーブ。
下・かつての駅西口駅舎。

飯田橋の材木店の八歳年上の出戻り娘さんと、昭和十七年、二十四歳の時に結婚したのは、後の総理大臣・田中角栄。代議士になる以前の昭和十八年には田中土建工業を創業している。飯田橋駅付近には今も第五田中ビル、第七田中ビルと同社の所有するビルがある。田中角栄は神楽坂の大料亭「松が枝」を別邸のように会合の場に使っていたほか神楽坂芸者のお妾さんもいて飯田橋との地縁は深い。

飯田橋駅の水道橋側にある東口駅前、中央線が駅を通過していくカーブの内側に立つと、第五田中ビルと第七田中ビルが見える。このあたりは電車がガードを通過する轟音と急カーブを通過するフランジ音が一層激しく聞こえる場所。編集者時代、通勤時や会社からの外出時、朝な夕なに駅付近に響きわたるこの音を聞いていたものだ。今も時々飯田橋駅前を通りかかると、電車の走る轟音を「ああ飯田橋の音だ」となつかしく感じる。

市ケ谷　お屋敷街と防衛省

　中央線が外堀に沿って走るこの市ケ谷駅付近は、沿線風景が美しい区間。車窓の景色もそうだが、お堀沿いから見る電車が走る景色も美しい。以前にまだ万世橋にあった交通博物館の展示で、この区間を蒸気機関車が引いた列車が走る写真を見た。その風情は今お堀沿いを走る中央線電車に似たところもあり、百年以上も都心に残っているこの鉄道風景は改めて貴重なものだと思う。

　雑誌編集者稼業が長かったゆえ、市ケ谷といえば大日本印刷という存在が今も真っ先に思い浮かぶ。「印刷所」というと「締切」という言葉が連想され、明け方までの校了作業の揚げ句、大日本印刷の守衛所にゲラや校了紙をタクシーで届けるのが日常になっていた。印刷大手の大日本の工場はこの市ケ谷という都心にいまだにけっこう大きな敷地を占めて存在している。私が日々深夜か明け方タクシーでゲラを届けていた守衛所は、市ケ谷駅から歩くと十分以上の上り坂と下り坂を経た、谷間のような地形にあった。

このあたりは坂道が密集し、左内《さない》坂、浄瑠璃《じょうるり》坂、芥《ごみ》坂など江戸の趣きのある名の付いた坂道がたくさんある地域だ。坂上には神楽坂方面にかけてお屋敷街が続いている。立派な邸宅が並ぶ住宅街を抜けて歩いていくといつの間にか神楽坂の粋な風情の街並みに至るので、散歩コースとしておすすめのエリアでもある。

途中の牛込中央通り周辺には、東京のイタリアンの老舗となった「カルミネ」や、フレンチの名店「ル・マンジュ・トゥー」、「俺のフレンチ」などもあってちょっとしたグルメ村になっている。

市ケ谷には防衛省がある。以前ここは自衛隊の市ケ谷駐屯地だったが、平成十二年に防衛庁が六本木から移転してきた。ここが防衛省になった頃だったと思うが、毎年行われている自衛隊餅つき大会というのに行ったことがある。陸海空自衛隊の隊員が集まる盛大なイベントで、幹部自衛官の方々がきなこ餅、からみ餅、あんこ餅、いそべ巻きなどを次々に持ってきてくださり、食べきれないほどの餅三昧に遭った。

この場所には戦前は陸軍士官学校があった。戦後はこの陸軍士官学校本部だった建物で極東軍事裁判が行われ、その建物内では昭和四十五年に三島由紀夫が割腹自殺している。以前は正門を入った正面にあったその建物は、防衛省の庁舎を建てるために敷地内に市ケ谷記念館として移築・部分保存され、防衛省敷地内を見学する「市ケ谷台ツアー」に参加すれば見ることができる。

この防衛省敷地内には他国からのミサイル攻撃を迎撃するための地対空誘導弾パトリオット、通称「PAC3」が配備されている。北朝鮮が相次いでミサイルを発射している昨今、首都防衛のためPAC3は市ケ谷のほか朝霞や習志野駐屯地に、また全国の大都市周辺の航空自衛隊高射隊に配備されているそうだ。

平成十九年に市ケ谷にPAC3が配備されることになった時、防衛省の敷地近くでは三十八階建てのタワーマンションが建設中で、迎撃ミサイルの飛行コースがマンションの方角に完全に重なっていることがわかった。その後、迎撃の方向は変更されたのだろうか。しかしあらかじめ、PAC3をどう展開するかを公表することは敵に手の内を見せることになる。したがって周辺地域に建築規制をかけるのもむずかしいということなのだ。

市ケ谷駅の外堀を挟んだ皇居側には、番町、麴町という高級住宅街が広がっている。このあたりは都心の超一等地。今はお屋敷のほとんどはオフィスビルや高級マンションに建て替わっている。

そのお屋敷の子弟たちが通った番町小学校、麴町小学校は東京の区立小学校の名門だ。この周辺はお屋敷街であると同時に学校の並ぶ文教地区でもあり、女子学院、大妻、東京家政学院、三輪田、千代田女学園と、特に女子校密集地帯となっている。

都心のマンモス大学である法政大学も市ケ谷にある。法政大キャンパスは、外堀沿い、中央線の線路沿いの市ケ谷駅と飯田橋駅のほぼ中間にあるのだが、市ケ谷キャンパスという名前が付いている。ボアソナード・タワーという二十七階建ての超高層建築があり、都心の高層キャンパスの先駆け的な存在だ。法政大学には多摩キャンパス、小金井キャンパスもあるが、市ケ谷キャンパスには法学部、文学部、デザイン工学部など八学部があって、学内でも一番学生数の多いメインキャンパスになっている。毎年、冬の受験シーズンには法政大の受験生で市ケ谷、飯田橋の駅が大混雑していたの

上・防衛省。
下・ホームから見える釣り堀の風景。

を思い出す。

ホームからは水を満々とたたえたお堀がすぐ前に見える。お堀にある釣り堀、市ケ谷フィッシュセンターは都心のちょっとした名所。市ケ谷駅ホームではここで釣りをしている人々の様子をついつい眺めてしまう。さらにホームから飯田橋駅方向を望むと水と緑の景観が続いていて、特に春先にお堀沿いに桜が咲く眺めは本当に美しい。

市ケ谷駅前でお堀に架かっている市ケ谷橋の隣りには、なんだかレトロな風合いを漂わせている橋がもう一つ架かっていて、以前から人の渡れないこの橋はいったい何なのだろうと思っていた。これは昭和四年に架橋された市ケ谷水管橋という皇居側に水道管を通す橋ということで、駅前の風景に産業遺産的な趣きを加えている。

隣りの飯田橋駅もそうだが、市ケ谷駅付近は外堀を挟んだ両側がかつての江戸城内と城外になっているため、街の雰囲気が異なる。線路の両側を散歩することで、それぞれを味わうことができるのがおもしろいところだ。

四ツ谷　迎賓館もある品のよい空気漂う街

四ツ谷駅の駅前にはいつも浮き世離れした品のよい空気が漂っている。それは駅前に聖イグナチオ教会というカトリックの大きな教会があること、そして迎賓館という日本のヴェルサイユ宮殿のような華麗な宮殿建築があるからだと思える。日に何度もイグナチオ教会の鐘の音があたりに響きわたり、たまたまその場に行きあたると、荘厳な鐘の音が駅前の空気を浄化しているようにも感じる。

その四ツ谷駅前における近年の大きな変化といえば、迎賓館の一般見学ができるようになったことだ。皇太子殿下のお住まいである東宮御所などのある赤坂御苑の敷地内にある迎賓館は、もとは大正天皇の新婚時代の住まいとして建設された西洋式の宮殿。しかし住まいとしてはほとんど用いられず、戦後には国会図書館や昭和三十九年の東京オリンピック開催時のオリンピック組織委員会などに使用され、その後昭和四十九年に、名匠・村野藤吾によって改築されて、国賓などを迎える日本国の迎賓館となった。

建築マニアでもある私は、以前からぜひこの国宝建築を一度見てみたいと思っていたものだが、長い間、年に一回抽選に当たった人だけが見学できるという制度になっていてそのチャンスがなかった。しかし平成二十八年春からは賓客の接遇がある時以外は事前申し込みをして抽選に当たれば、大人千円の入場料で見学できるようになったのだ。

公開が始まった月にさっそく申し込んで行ってみたのだが、まさに本物のお城の迫力に圧倒された。日本人の造った西洋風のお城なので和風を感じさせるところがあるのもおもしろい。迎賓館のまわりには見学の人が予約時間前や見学後にたむろするようになったので、その門前には近々休憩スペースとしてカフェもできるらしい。ここはまさに四ツ谷駅前の新たな観光名所になっている。

迎賓館の見学入口のそばには学習院初等科がある。愛子様をはじめ皇室の方々の多くはこの小学校出身だが、ここは東宮御所とは隣り合う場所にある。愛子様は初等科に歩いて通っていたのか、車で通っていたのか。このほか駅前には名門女子校・雙葉学園もあり、四ツ谷駅はお嬢様、坊っちゃんの通学路となっている。上智大学も含めてこの駅前にある学校はやはり上品な感じのところばかりだ。

その四ツ谷駅は、ＪＲ中央線のホームより上に地下鉄である丸ノ内線のホームがあるという不思議な構造になっている。これは、中央線のホームが皇居外堀のあったところに造られて、後から地下鉄のホームがその上にできたから。地下鉄なのでその真下にあるのが本来なのだろうと思うが、当時は技術的に上に造ったほうが簡単だからと、このような形になったのだとか。

丸ノ内線と並行する上智大学のグラウンドになっているところも、以前は皇居の外堀だったが、戦後に戦災の瓦礫で埋め立てられて現在のような形になった。真田堀という名のその堀の工事を担当したのは関ヶ原の戦いで徳川方に付いた真田信之とその息子たち。真田堀は皇居外堀でももっとも標高が高く、そこを水面まで掘り下げるのは難工事だったはずだ。赤坂側の弁慶堀、そして市ケ谷寄りには外堀は残っているが、四ツ谷駅付近の真田堀だけはすべて埋め立てられてしまい、苦労して掘った人たちが浮かばれないような気もする。

四ツ谷はフランス料理、すしなどの有名店や、予約がなかなか取れない店などが点在するグルメな街でもある。四ツ谷駅の近くには「しんみち通り」というにぎやかな飲食店街もあるし、四谷三丁目方面まで行けば、かつての花街の風情のある荒木町というエリアもある。

四ツ谷駅近くで有名なのは学習院初等科の裏にあるフランス料理の「オテル・ドゥ・ミクニ」。やはりその近くにはすしの名店「すし匠」。新宿通りの北側の三栄通りには一年以上先まで予約が埋まっているというすし店「三谷」もある。このあたりの店はみな敷居が高いのだが、たとえば駅から五分ほどの住宅街にあるたい焼き屋「わかば」や新宿通り沿いのカステラがおいしい和菓子店「坂本屋」など魅力的なお菓子屋さんも潜んでいる。

「わかば」のたい焼きは皮が薄くてあんこが甘すぎずとても私好み。戦後の昭和二十八年創業のこの店のたい焼きは、四谷に住んだ演劇評論家で直木賞作家・安藤鶴夫が「尻尾まであんこが入っている」と新聞に書いたことがきっかけで人気となったとか。

あんこより酒という人にとって、四谷は「鈴伝」のある街ということになっている。「鈴伝」は江戸幕末の一八五一（嘉永三）年創業の酒屋だが、店内地下には日本全国の銘酒が味わえる立ち飲み店があって、日本酒好きにはよく知られている。以前、荒木町で飲み会があった時、鈴伝で〝下地〟を作ってきたという酒好きがべろべろに酔って現れたことがあった。そうなってしまうのも無理がないほど、この店の品揃えは充実している。

「鈴伝」愛好者に聞いた話だが、戦後は霞ケ関の官庁街が進駐軍に接収されていたために四谷に大蔵省の庁舎があった時代があり、そこに勤める役人相手に立ち飲み部門が始まったのだとか。当時の四谷は総理府や関東陸運局などもある官庁街だったというのは、この街の意外な戦後史だ。

最近は四ツ谷の駅前でも大規模再開発が相次いでいる。上智大学の敷地内には十七階建てのソフィアタワーが、外堀通り沿いでは都市再生機構がオフィス、マンション、商業施設の複合開発を進めていてこちらには三十一階建ての超高層ビルが建つ。二〇二〇年オリンピックを控えて都心である四谷もどんどん変貌しているということだ。

駅前の四谷見附橋からは、赤坂御苑の広大な緑の向こうに六本木ヒルズや青山のタワーマンションなどが見えてこれも都心の絶景なのかなと思う。しかしとりあえずこの御苑の部分には高い建物が建つことはないだろう。

上・迎賓館。
下・新宿通りから一本北の飲食街「しんみち通り」。

四谷見附の交差点から東にまっすぐ行くと皇居半蔵門にぶつかる。つまり四谷は皇居と赤坂御苑に挟まれた街ということでもある。この街の品のよさはやはりこの立地によるものということか。

信濃町　凸凹地形探索を楽しむ

信濃町駅の改札口の付近で「信濃町」というポスターをたくさん見かけた。これは長野県の黒姫や野尻湖に近い信濃町の観光PR。東京の信濃町は、永井信濃守《しなののかみ》という人の別邸があったためにこの地名となったということで、信州の信濃町とは直接のつながりはないが、まあ同じ名前の縁ということなのだろう。しかし信濃の国は中央線が目指している方向でもあり、なんらかの因縁を感じないでもない。

信濃町駅のホームの乗車位置にはバットとボールの絵が描いてあって、この駅が神宮球場最寄りであることをアピールしている。実際ヤクルト戦のナイターや大学野球の早慶戦などがある日は混雑する。ここは国立競技場の最寄り駅でもあるが、新国立競技場の建設に伴い、神宮外苑のほかのスポーツ施設の再整備も計画されていて、築九十年近くの神宮球場や秩父宮ラグビー場の建て替えも予定されている。

現在の信濃町駅は平成四年に新築され、ホームの上にオフィスや店舗の入るアトレヴィという駅ビルができている。以前は隣りの千駄ヶ谷駅と同じく、昭和三十九年の東京オリンピックの時に設けられた下り線の臨時ホームがあったが、この新築時に撤去された。

信濃町駅前で何より目立つのは慶應病院と創価学会の施設に行く人たちの多さだ。駅前の慶應病院には毎日多くの外来患者やお見舞いの人が訪れるし、駅の北側には創価学会の総本部があり全国から信者がやってくる。駅前のビルにはお菓子やぬいぐるみなどの土産物を売っている店もあって、店先でその品揃えを覗いてみるとなかなか興味深い。

駅付近で中央線の線路の北側は高台になっているのだが、南側は急な谷間地形になっていて、この谷にはいくつかのお寺と公明党の本部がある。駅前からこの谷に下りてゆく千日坂という坂道は片側が一面大谷石貼りで壮観だ。この谷のさらに南側の高台には明治記念館がある、この凸凹地形はかなりドラマチックな展開を見せていて、駅南側は地形散歩に絶好の地となっている。

谷間には一行院という、駅ホームからもよく見えるビルのような仏塔のような建物があり、その境内の上を首都高速の出口に向かうルートが横断しているのはシュールな風景だ。昭和三十九年のオリンピックに伴う開発で、境内が高速道路用地になり墓地が立体化されてこの仏塔になったのだとか。塔の下には現在新築計画が掲げられていて、そのデザインアーキテクトとして新国立競技場も設計する隈研吾の名前が記されていた。

駅前の外苑東通りを慶應病院を通り越して北のほうに歩いていくと、新劇の劇団・文学座がある。昭和二十五年に荻窪から移転してきた当時の建物が今もあって、チューダー様式のステンドグラスのある洋館のような建物は、瀟洒で文化的な香りを漂わせている。ここでは永年、文学座の名物ともいえる「アトリエ公演」が行われてきた。この建物内で編集者時代に杉村春子先生にお会いしたことがあったが、今思うと貴重

上・信濃町駅前から見える慶應病院。
下・千日坂。

な体験をしたものだ。北村和夫、加藤武といった重鎮は亡くなったが、江守徹、角野卓造、渡辺徹といった看板俳優は活躍中。

外苑東通りを挟んでこのはす向かいのちょっと奥に入ったところにホーマットプレミアという高級マンションがあるが、ここは東京オリンピック時の総理大臣だった池田勇人の家があった場所。所得倍増計画を実現させて、東京オリンピックを遂行した高度経済成長期を代表するような総理大臣だったが、ガンに侵されオリンピックの翌年に六十五歳で亡くなっている。

駅前に戻り神宮外苑方面に行ってみる。広大な外苑地区にアクセスするには、千駄ヶ谷、信濃町、地下鉄銀座線の外苑前などいくつかの最寄り駅があるのだが、絵画館やいちょう並木といった外苑のハイライトともいえるスポットに行くには案外信濃町駅からが便利だ。

ある秋の日の夜、月もきれいだし、青山の外苑前あたりにいて、神宮外苑を通って信濃町駅から帰ろうと思って歩いていたら、国立競技場がなくなっていることによって方向感覚を失い、真っ暗な神宮外苑内で迷子になってしまった。十代の頃から熟知していたはずのエリアなのにと困惑した。二〇二〇年の東京オリンピック開催前後には、新たに国立競技場が完成するが、その時にも風景が一新したこのあたりでまたまた迷子になってしまいそうな気がする。

千駄ヶ谷　東京オリンピックで変わる街

ＪＲ千駄ヶ谷駅は国立競技場の最寄り駅だ。最近駅の改札口の位置が変わり、これは二〇二〇年の東京オリンピックに向けてのリニューアルということだが、この駅が以前に改修されたのは昭和三十九年の東京オリンピックの時だった。国立競技場の観客用に臨時ホームが増設され、改札口前の空を首都高速新宿線が覆うようになった。

駅前には津田スクール・オヴ・ビズネスという津田塾大学系の専門学校と音楽ホールの津田ホールがあったが平成二十九年からここは津田塾大学総合政策学部のキャンパスとなるそうだ。大学キャンパスの都心回帰が増えているが、小平にある津田塾が都心に進出してくることにも驚く。新キャンパス建物の設計は槇文彦。駅前の東京体育館も槇文彦の作品なので、新たにどんな駅前風景が生まれるのか楽しみだ。

津田塾キャンパスの隣りには共産党系の代々木病院、さらにその先を奥に入った場所には国立能楽堂がある。周辺は通りから一歩入ると閑静な住宅街となっているが、昭和三十年代の東京町歩き案内本『東京風土図』に載っている絵地図を見ると、このあたりには「旅館街」と記してある。線路の反対側の鳩森小学校のまわりにも旅館が多かったらしく、ＰＴＡが環境浄化を叫んで立ち上がったとか。

昭和二十年代から三十年代の千駄ヶ谷は、いわゆる「連れ込み旅館街」だったと聞いたことがあるが、中央線線路の両側という広範囲に旅館街が分布していたほど大規模なものだったとは。今も一軒だけ、鳩森八幡神社前に「ホテルきかく」の看板のあるそれらしき建物があるが、事務所などの用途に転用されているようで、裏口には「ホテル旅館は営業しておりません」の貼り紙がしてあった。

千駄ヶ谷の旅館街は、昭和二十五年の朝鮮戦争時に日本に駐留した米兵と娼婦を客として増殖していったのだとか。昭和三十七年には当時の流行作家・梶山季之の『朝は死んでいた』という作品にその様子も描かれている。しかしオリンピック前に、会場に近い地域の浄化が進み、その数は急激に減ったということらしい。やはりこの街では、オリンピックを機にさまざまなことが変化したのだ。

中央線の千駄ヶ谷駅の開業は明治三十七年。それよりずっと以前からこの地に存在し続けているのは、駅の南にある鳩森八幡神社だ。境内には江戸時代の一七八九（寛政元）年に築かれた富士塚もある。駅のホーム下には、線路を斜めに横切り新宿御苑の千駄ヶ谷門方向に向かうガードがあるのだが、このガードの名前が「八幡ガード」。明治後期、このあたりでは鳩森八幡が一番のランドマークだったことをうかがわせる。

神社の鳥居前は五叉路の交差点になっていてちょっとした広場のよう。高台のいかにもパワースポット的な立地にあり、境内にある巨大な銀杏のご神木にも由緒を感じる。

この鳩森八幡神社の裏手には将棋会館がある。JR千駄ヶ谷駅のホームには将棋の「王将」をかたどった碑のある水飲み場があって、王将の文字は大山康晴十五世名人が書いたものであるが、大山名人が将棋連盟の会長だった昭和五十一年に、将棋会館の建物は建設された。ここでは毎日のように朝九時からプロ棋士同士の対局が行われ、

上・鳩森八幡神社境内の富士塚。
下・駅ホームの「王将」の碑。

棋士たちはこの場所を中心に行動しているので、周辺には彼らがお昼を食べに行く店、対局が終わった後に飲みに行く店などがあるのだとか。名人級の棋士も立ち寄ることが多いので将棋ファンにとっては聖地だろう。

千駄ヶ谷はJリーグが発足した頃からサッカーの街ともなってきた。国立競技場でサッカーの試合やパブリックビューイングがある時は、駅の周辺がサッカーファンで埋め尽くされた。駅から東京体育館脇を通り、国立競技場のほうへ坂道を下りていく付近には、カフェやレストランなど以前よりも小洒落た飲食店が増えている。これもサッカー観覧で国立競技場の客層が変わったからだ。

ただいま新国立競技場の建設工事中だが、隈研吾設計の案でのスタジアムの建設が決まるまで本当に紆余曲折があった。駅前には東京体育館があるが、その設計者である槇氏が、最初のコンペに選ばれたザハ・ハディド案が神宮外苑の景観にそぐわないと異議を唱えたことが端緒になり、建設費用などが問題化し、いったん選ばれた案が廃され、再度コンペが行われて隈研吾案が採用されることになった。

今、次のオリンピックに向けて昭和三十九年のオリンピック時の街並みは姿を消しつつある。新しい競技場ができるまで、そしてその後と、オリンピックという巨大イベントによってこの街の姿は再び変わっていくことだろう。

代々木　予備校と共産党と踏切がある街

代々木といって連想するものは、私の世代だと代々木ゼミナール、さらに一世代上だと日本共産党だろう。

私が高校生の頃、代々木駅前のスクランブル交差点を渡る人混みの多くは代ゼミへと向かうむさくるしい浪人生たちだった。そして駅近くで、山手線の車窓からはよく見えないけれど、中央線（総武線）の車窓からはすぐ近くに見えるというのが日本共産党本部。やはり高校生の頃に読んだ倉橋由美子の『パルタイ』という、女子大生が学生運動にシニカルな態度で参加し離脱する物語に、共産党のことが「パルタイ」と書かれていて、なんだかカッコいいと思ったりしたものだ。

昭和三十二年に代々木で開校した代々木ゼミナールは予備校としては後発で、生徒を集めるために国電の駅前という便利な立地にこだわったのだとか。私が大学を受験した頃は、東大を目指して浪人するなら駿台か河合塾だったが、難関私立だったら代ゼミでもという雰囲気だった。しかし今、大学受験界では少子化のうえ現役志向が強まり、新進のライバル予備校も多く、代ゼミにかつての勢いはない。平成二十年には本部を新宿南口方面の二十六階建ての代ゼミタワーに移転し高層階に寮がある効率的な学習環境を打ち出したが、二十六年には全国各地の二十七校のうち二十校を閉鎖、早期退職者を募集したりで、かなりの縮小傾向だ。

一方の日本共産党本部は平成十七年に新しい建物に建て替わって、ますますの健在ぶり。以前よりもかなり大きな建物になり、自民党本部の建物より大きい日本で最大の政党本部ビルになっている。

一方、代々木駅前で一際レトロな輝きを放っている存在に、伝説のテレビドラマ「傷だらけの天使」でショーケンが演じる探偵・木暮修がその屋上に住んでいる設定になっていた古いビル「代々木会館」がある。しかしこのビルは、あまりの老朽化ぶりにテナントがすべて退去し、現在は三階にただ一件中国語書籍の書店が入っているのみ。土地建物の権利関係が複雑で壊すことができない、いつできたものなのか定かでないといったナゾだらけのビルだ。そして、このビルの並びの地下には「笑点」の大喜利ですっかり有名になった木久蔵ラーメンの店「全国ラーメン党」があったがつい先年に閉店してしまった。やはり「笑点」でまずいまずいと言われ続けたのがいけなかったのだろうか。

駅前のスクランブル交差点の片隅には「明治神宮北参道口」の石柱が立っている。

上・青山街道踏切を通過する成田エクスプレス。
下・駅前の交差点。

明治神宮というと原宿駅前の参道から参拝するものという思い込みがあるが、この代々木からの北参道と、小田急線参宮橋駅近くからの西参道もある。そもそも代々木という地名は、明治神宮や小田急線の代々木上原、代々木八幡駅のほうを指していた。現在、駅周辺の地名が代々木になっているのは、駅名に従ったものなのだとか。

　秋祭りの季節、代々木駅前を通りかかると、お祭りの奉納金の芳名が掲示してあった。このあたりはどこの神社の氏子なのだろうと見たら、なんと千駄ヶ谷の鳩森八幡神社だったのには驚いた。駅西側の地名は昭和四十四年から渋谷区代々木になったが、それまでは千駄ヶ谷四丁目、五丁目だった。

そのお祭りの芳名録で最高額の六万円を奉納していたのが山野学苑美容専門学校で、JR代々木駅と小田急線南新宿駅の間に位置している。代々木ゼミナールよりも古く、戦前から美容講習所を始め、戦後すぐの昭和二十一年に代々木で開校。

この山野美容専門学校の近くには、都心ではめずらしく小田急線の大きな踏切がある。そしてJR代々木駅西口駅前で信号待ちしていると聞こえてくるのも踏切の音。こちらにあるのは、代々木駅を通過していく湘南新宿ラインや埼京線の通る山手貨物線の線路の踏切だ。山手線と中央線、総武線の線路は高架上を通っているのに対し、山手貨物線は地上を走っているので、代々木駅のすぐ近くには青山街道踏切と廐道踏切という二つの踏切がある。駅から日本共産党本部に行くには、この青山街道踏切を渡らなければならない。そんな具合に、代々木は新宿駅の隣りという超都心でありながら、今時めずらしくあちこちに踏切がある街なのだった。

今、代々木駅には山手線と中央線（総武線）が停車しているが、この駅は中央線の駅として明治三十九年に設けられ、山手線が停車し始めたのはその三年後。代々木というとすっかり山手線の駅というイメージで見ていたのだが、神田駅と同様にもともとは中央線の駅だったとは意外なことだ。

二十世紀の末頃、新宿南口の貨物駅跡や線路の周囲が開発されて髙島屋や小田急サザンテラスなどができて、代々木駅と新宿駅南口の距離感は縮まった。最近新宿駅には南口よりもさらに代々木寄りの新南改札もできて、さらに両駅の距離は近づきつつある。

武蔵野、多摩へ

三鷹　玉川上水沿いを歩く

三鷹駅では玉川上水が駅のホームの下を斜めに横断している。武蔵野と言われるこの地域では中央線の線路と玉川上水が密接な位置関係を保っている。三鷹駅で線路と交差した玉川上水はこの先の上流側で、東小金井、武蔵小金井、国分寺、立川と、中央線線路とほぼ平行に流れている。

その江戸時代にできた玉川上水の上を、三鷹駅前では明治二十二年にできた中央線の線路が横断している。そんなことに江戸から東京へと、この都市が開発されていった歴史が感じられるようで、なんだかしみじみとした気分になってしまう。

新宿に淀橋浄水場があった時代は、この玉川上水の水が水道用に使用されていたというから、江戸期からかなり長期間機能していたことになる。江戸時代には当然この上水の水がそのまま江戸市中の飲み水になっていたために、近隣の人たちには上水の水を汚してはいけないというモラルが染み通っていたそうだ。

今、三鷹駅南側の玉川上水沿いには「風の散歩道」という遊歩道が整備されていて、駅前から井の頭公園までの散歩が楽しめるようになっている。

三鷹は太宰治が戦前の昭和十四年から住んで、その代表作の多くを書いた土地。太宰は昭和八年から荻窪に住み、阿佐ケ谷会の先輩文士たちとも親交を持ったかなりの中央線人だ。今、三鷹駅付近では太宰治が住んだ家や立ち寄った店跡、散歩したエリアなどに案内板が設置され、文学散歩のコースもできている。移り住んだ当時はここはまだ三鷹村で、都心から編集者が訪ねてくるにも一日がかり。今のように、中央特快で新宿から二駅目という地理的感覚とはまったく異なる土地だった。

太宰がこの三鷹の玉川上水で入水心中し亡くなったのは昭和二十三年、三十八歳の時だった。その遺体が発見された場所近くには「むらさき橋」という名前の橋が架かっている。昭和三十年に三鷹市と武蔵野市を結ぶ都市計画街路としてできた橋というから、太宰が亡くなった時にはまだなかったということだ。むらさき橋という優雅な名前は、このあたりに咲き誇っていた紫草を題材にして詠んだ古今和歌集の歌によって名付けられたと、橋のたもとの案内板で知る。

このむらさき橋よりさらに下流側に進むと作家山本有三の住んだ洋館を保存公開した山本有三記念館があり、さらに進むと井の頭公園。その園内には三鷹の森ジブリ美術館がある。山本有三記念館もジブリ美術館も三鷹市の施設だ。

三鷹駅は昭和五年開業と、中央線では駅ができたのがわりと遅い。昭和四年に中野電車庫三鷹派出所（現在の三鷹車両センター）という車庫が設けられ、それに合わせて三鷹信号場が開設されて、翌年に駅として格上げされた。隣り駅の吉祥寺や武蔵境駅よりもかなり後にできたのに、今や中央線快速の重要駅となり、特快まで停車しているのは、まるで要領のよい弟分のようにも思える。

当初駅には南口しかなかったということだが、そのせいか今も南口側のほうが栄えている。北口は南口より十年ほど後の昭和十六年に開設された。

駅南口から線路沿いの「電車庫通り」を歩いていくと、イエローラインの総武線（中央緩行線）や地下鉄東西線の車両がたくさん並んでいる三鷹車両センターに行き着く。

車庫の上に架かる長い長い跨線橋は、昭和四年にできた風格のあるもので、太宰治の散歩道ともなっていたそうだ。橋の階段下の案内板には「太宰ゆかりの場所」として この跨線橋の階段を歩む太宰の写真がのっている。それを見ると、橋の手すり、柵などが現在とまるで変わらないことがわかり、歴史的な価値を実感。太宰はこの跨線橋を「陸橋《りくばし》」と呼び、訪ねてきた友人を案内することもあったという。橋の上からは眺めもよく、冬の天気のよい日には富士山が見えたりもするらしい。

中央線の車庫は中野、三鷹、武蔵小金井、豊田にあるが、この三鷹の車庫はそのなかでも規模が大きい。しかしここはオレンジラインの中央線車両用ではなく、イエローラインの総武線と直通運転している地下鉄東西線の車両専用だ。跨線橋から眺めると、ずらりと並んだ車両の傍らをオレンジラインの中央線が行き来し、武蔵境に向かって高架線路への勾配を上っていくのが見える。

この三鷹の車庫で発生した戦後の大事件が三鷹事件だった。昭和二十四年、三鷹車庫から七両編成の無人の列車が暴走して南口駅前に突入し脱線転覆。六人が死亡し、二十人が重軽傷を負った。これは下山事件、松川事件とともに戦後の国鉄三大謀略事件といわれ、いずれも国鉄の労働組合・国労と共産党が関連したものとされて未だに真相は解明されていない。事件の遭難慰霊塔が太宰治の墓のある禅林寺にあり、平成十一年には三鷹車庫近くのすずかけ児童遊園に事件の五十年碑が建立されている。

三鷹には鉄道マニアの大好きな廃線跡というのもある。戦後、三鷹駅の北側にあった中島飛行機武蔵製作所の跡に、野球場である武蔵野競技場＝武蔵野グリーンパーク野球場が建設され、その観客輸送のために中島飛行機への鉄道引込線を利用し、昭和二十六年に三鷹―武蔵野競技場前駅間の路線が建設された。

武蔵野競技場は国鉄スワローズのフランチャイズ球場として用いられ、この競技場線ではスワローズの試合と東京六大学野球の試合のある時だけ列車が運転された。

当時は神宮球場が進駐軍に接収されていて、都内で野球のできる球場が不足していた。戦後すぐのこの時代、当然まだテレビもなく、野球観戦は今よりずっと人気のある娯楽だった。しかしこの球場は当時の感覚では都心から遠すぎたらしく、観客の入りが悪く、競技場線は昭和三十四年には早くも廃止されてしまう。

競技場線の廃線跡は、今は堀合遊歩道、武蔵野グリーンパーク遊歩道になっていて、歩いてみると湾曲した道筋には線路跡の趣きがある。線路が玉川上水を渡っていた地点には今は「ぎんなん橋」という歩行者用の橋が架かっているが、その路面にも線路が描かれているのが往時を偲ばせる。

上・三鷹車両センター上に架かる跨線橋。
下・競技場線廃線跡の遊歩道。

さらに進んでいくと遊歩道はグリーンパーク跡地にできた武蔵野中央公園に到達する。グリーンパークという名称も、当時この一帯が進駐軍に接収されていたためにそう呼ばれていたことによる。

この地に中島飛行機の製作所が設立されたのは昭和十三年のこと。三鷹駅南側の、現在は国際基督教大学＝ＩＣＵの敷地になっているところにも中島飛行機の三鷹研究所があった。戦前の三鷹にはそうした軍需工場や関連施設が増えたために工場で働く人や関連会社の住民が増え、農村地帯だった街が発展してきた歴史がある。太宰治もその時代に三鷹の住人になった人。

戦後の三鷹は住宅地としてさらに発展してきたが、あちこちを訪ね歩くと武蔵野の自然や、戦中の軍需施設の跡などに行きあたり、その歴史の層の深さを知る。

武蔵境　高架化で変わった西武多摩川線の始発駅

武蔵境駅は意外にも中央線快速区間でももっとも古くに開設された駅の一つだ。明治二十二年に甲武鉄道の新宿―立川間が開通した時にできたのは、新宿、中野、武蔵境（当時は境）、国分寺、立川の五駅だけ。

武蔵境駅の北口と南口をつなぐ通路には今、「境停車場ものがたり」という、駅の歴史を解説した大きな案内板がある。やはり中央線草創期からの由緒ある駅であるということで、この案内板が設置されたのだろう。そんな歴史を知ると、この駅の存在感がまったく違ってくる気がする。

駅の北口にも「武蔵境駅開設１００年」の記念碑があり、そこには二人の人物の小さな顔写真が添えられている。その三井謙太郎と秋本喜七という二人の地主が一万平方メートルほどの停車場の用地を無償で提供したことによって、ここに停車場が建設された。まさに地元発展の恩人ということになるが、今もその子孫の方はこのあたりに住んでおられたりするのだろうか。

三鷹―立川間の高架化によって、武蔵境駅は平成二十一年に高架化。その高架下には「ｎｏｎｏｗａ」という商業施設が開設されている。ｎｏｎｏｗａは武蔵境、東小金井、武蔵小金井、西国分寺、国立の各駅にあって、中央線の武蔵野地区独自の店舗展開をしている商業施設。ほかの地域ではアトレやルミネがあるところに、ｎｏｎｏｗａが展開されている。武蔵境のｎｏｎｏｗａには高級スーパーであるクイーンズ伊勢丹や神戸屋のベーカリー、タリーズコーヒーなどがあり、以前のこの駅では南口の大きなイトーヨーカドーだけが印象的だったのに比べると、ずいぶん格上げされた感じだ。

武蔵境駅は西武多摩川線の始発駅ともなっていて、中央線の高架化以前にこちらの駅ホームも高架になった。その高架下もやはり西武の駅ビル「Ｅｍｉｏ」になっていて、こちらには成城石井、チョコレートケーキのトップス、なめらかプリンのパステル、上島珈琲店、ベーカリーはドンクと、ｎｏｎｏｗａに負けず劣らずのテナントが揃っている。

西武多摩川線という路線は、以前は競艇場行きのギャンブル電車と誤解していたのだが、全六駅を往復乗車してみると、武蔵野ののどかな地帯をいく和みの電車だということがよくわかる。野川公園、武蔵野公園や住宅街を走り、沿線にはのんびりした郊外風景が続いている。駅舎には今はめずらしくなった構内踏切が残っているところもあり、昔ながらの鉄道駅の風情がある。終点の是政《これまさ》駅前に出ると多摩川が流れる雄大な風景。上流側には南武線、武蔵野貨物線の多摩川鉄橋が見えて、貨物列車もやってくる。ここでは中央線駅から別の私鉄路線に乗ってちょっとした旅気分が味わえる。西武多摩川線はもとは多摩川の砂利輸送のために敷設された路線。是政や競艇場前の駅の立地はその歴史を偲ばせるものがあり、多摩川競艇場は砂利採取場を転用してできたものだ。沿線にはアメリカンスクールや東京外国語大学などもあってインターナショナルな雰囲気もある。著名人のお墓がたくさんある多磨霊園もあって、あれこ

上・駅北口にある「駅開設100年」記念碑。
下・駅南口の武蔵野プレイス。

れと充実している。

武蔵境駅が高架になってから後、南口に最近できたのは「武蔵野プレイス」という武蔵野市の施設。図書館や生涯学習のためのスペース、カフェなどのある三階建ての建物は、なつかしいような未来的なような不思議なデザインで建築作品としての評価も高い。最近日本建築学会賞という権威ある賞も受賞した、新しい武蔵境駅前のランドマークでもある。

また、この駅周辺は実はラーメン激戦区でもあるらしい。中央線のラーメン激戦区というとまず荻窪が思い浮かぶが、荻窪が春木屋を中心とする伝統的な東京醬油ラーメンのメッカとするなら、こちら武蔵境は味噌ラーメン、濃厚とんこつ、油そばの老舗などバラエティに富んでいる。

そして武蔵野エリアで近年注目されてきているご当地メニューは武蔵野うどん。武蔵野市では地元産の小麦粉で打ったうどんを名物にしていこうというプロジェクトに取り組んでいて、武蔵境のうどん屋さんでは期間限定で地元産の地粉うどんを提供しているところがある。東村山や埼玉方面では武蔵野うどんの店に入ったことがあるが、この中央線沿線でも今後武蔵野うどんが広がっていくのだろうか。

武蔵境駅の周辺には中央線沿線らしく大学キャンパスも点在している。駅前には日本獣医生命科学大学、線路の北側徒歩十分ほどのところには亜細亜大学、そして国際基督教大学＝ＩＣＵは、この駅南口から路線バスで十二分というのが一番便利なアクセス方法になっているようだ。

そのＩＣＵのキャンパスに隣接した場所には「中近東文化センター」という研究展示施設があるのだが、以前ここに三笠宮崇仁様にお会いするためにうかがったことがある。

古代オリエント史の研究がご専門で文化支援、執筆などにも意欲的に取り組まれていた宮様だが、以前私が雑誌編集者だった頃に原稿執筆のお願いをしたことがあった。結果的にご執筆いただけなかったのだが、なぜか宮様にお目にかかることになり、総裁を務められていたこの中近東文化センターに来るようにという連絡をいただいた。

あの時は中央線の武蔵境駅からバスに乗って緊張しながらここに行ったはずだ。宮様はまことに気さくでほがらかな方で、館内を案内してくださり遺跡発掘のご苦労などをお話しされ、センターの敷地内で採れたという栗をごちそうになった。武蔵野のこのあたりには今も栗の木が多い。

平成二十八年秋、宮様が百歳で亡くなられた後、中央線で武蔵境駅を通りかかった時、十五年ほど前のその時のことを突然思い出した。

東小金井　小金井公園と江戸東京たてもの園

東小金井駅の駅前は中央線快速区間の沿線でもっともさみしいと言えるかもしれない。この駅よりも唯一後にできている西国分寺駅も新開地としては同様だが、武蔵野線との乗り換え駅になっているし、駅前にはもっと商業施設やマンションがあってにぎわっている。

この東小金井駅は日本初の請願駅として、昭和三十九年に地元民が駅開設の費用全額を負担して開設された。隣り駅である武蔵境駅と武蔵小金井駅の間の距離は三・四キロと現在の中央線の駅間の距離としては長かった。その中間に駅を開設しようと奔走したのが、一帯の地主の一人だった宮崎金吉だった。

駅南口から線路に近い道を武蔵境方向に五分ほど歩いていくと、東小金井駅開設記念会館、マロンホールという施設がある。建物の前には駅開設に尽力した宮崎氏の銅像と記念碑が立っていて、正直言って唐突な感じを受ける。しかしこれはこの街の歴史を物語る重要なモニュメント。もっと目立つ駅前に移してもいいくらいだ。

　実は、久しぶりに東小金井駅前に来てみてその変貌ぶりに驚いた。この駅も平成二十一年に上下線が高架化。その高架下にはＪＲの商業施設「ｎｏｎｏｗａ」ができてすっかり都会的になっている。駅のファサードも以前とは違ってまるでどこかの新幹線の駅のように全面ガラス張りだ。

　東小金井のｎｏｎｏｗａには高級スーパーとされているザ・ガーデン自由が丘やスターバックスコーヒーなどが出店。中央線沿線では高円寺、西荻窪にもないスタバが、なぜこの東小金井にあるのかはナゾだ。

　最近の東小金井は「ヒガコ」という略称で呼ばれ親しまれているらしい。ムサコと言えばお隣り武蔵小金井ではなく、住みたい街としてランキング急上昇の武蔵小杉のほうを指すようだが、ヒガコというちょっと間抜けな感じのするかわいい略称はこの街には合っている気がする。

　南口駅前にある中国料理店「宝華」は「宝そば」という品名の油そばが人気メニューの行列店。昭和四十六年創業というからその七年前にできたこの駅前では老舗だ。東小金井、国分寺、武蔵小金井あたりは油そばの人気店が多い。この宝華は油そば専門店ではなく、昔ながらの中国料理店でメニューも餃子、ラーメン、チャーハン、麻婆豆腐、エビチリ炒めと幅広い。店内はオープンキッチンでおいしいものが出てきそうな雰囲気だ。

また南口には「インド富士」という中央線らしい名前のカレー屋さんがあって、本場インドで教えてもらったというレシピを忠実に再現したカレーが食べられる。実はこの店には行ったことがないのだが、高円寺には姉妹店「インド富士子」があって、駅のガード横の元スナックのような店でやっているそちらの店ではカレーを食べたことがある。中央線沿線にはやはりインドの風が吹いているのだ。

大分あか抜けた感のある東小金井駅だが、未だ駅のすぐ近くには畑がある。その畑のそばを抜けていった先にあるのが「スタジオジブリ」。ジブリ作品には中央線沿線や武蔵野、多摩地域を舞台にした作品が多く、三鷹にはジブリ美術館もある。東小金井のこのスタジオは平成四年にできて、その後第二スタジオ、第三スタジオと増殖していき、現在は全部で五棟の建物があるようだ。

駅の北側に位置する小金井公園内の「江戸東京たてもの園」には、都内各地からさまざまな歴史的建築物が移築されているのだが、ジブリの「千と千尋の神隠し」に登場している建物もある。なかでも代表的なのは昭和四年築の子宝湯という銭湯。小金井を仕事場としている宮崎駿監督が、身近にあるこの場所から着想を得たということだ。たてもの園にはこのほかにも看板建築や旅館、名主の家、田園調布の邸宅、洋館、高橋是清邸など三十棟ほどの建物があって、かなり見ごたえのある東京の建築博物館となっている。

小金井公園は、戦前の昭和十五年に、紀元二千六百年記念事業で整備された小金井大緑地を戦後に公園として整備したもので、五日市街道沿いに約八〇ヘクタールという広大な敷地が広がっている。上野公園の一・五倍というからかなりの広さ。ここは東小金井駅、武蔵小金井駅のどちらからも同じくらいの距離なのだが、歩いていくにはちょっと遠い。

小金井公園のさらに北側には都内屈指の名門ゴルフコースといわれる小金井カント

上・創設に尽力した宮崎金吉の記念碑。
下・高架化で激変した駅前風景。

リー倶楽部がある。昭和十二年オープンなので、小金井大緑地以前から存在していたことになる。男性三十五歳未満、女性二十歳未満は入場できない規則があり、今でも女性は会員になることができないという伝統を貫いているそうだ。

　この小金井カントリーのさらに北側では総戸数九百二十二という巨大マンションがただいま建設中。その広告を東小金井駅で見た。「武蔵野を極める。小金井公園に寄り添う大規模922邸」というのがキャッチフレーズなのだが、中央線武蔵小金井駅からマンション専用のシャトルバスを運行させ、七分でアクセスできるのを売り物にしている。しかし、歩いていったら確実に三、四十分以上かかりそうな立地だ。西武新宿線の花小金井駅のほうがはるかに近いのだが、専用バスを仕立ててまで中央線駅最寄りをアピールしている。やはり新宿や東京駅に直結する中央線という電車は、不動産業界的にもかなりブランド力があるらしい。

武蔵小金井

桜並木を愛でつつ「ハケ」の地形探索へ

高架化する以前の武蔵小金井の駅南口には三角屋根の古い駅舎があったことをおぼえている。その駅舎は、国立駅の旧駅舎と同年の大正十五年築。駅開設時からの歴史のあるもので、駅ホームには古レールが支柱として使われ、駅前には大きな踏切があり、鉄道駅としてなかなか趣きのあるところだった。

武蔵小金井駅は、駅北側の玉川上水沿いの小金井桜の花見客のために開設されたという歴史を持つ。現在の駅発車メロディは「さくらさくら」だ。大正十五年に駅ができるまで小金井桜の花見客は、すでに開業していた武蔵境駅で列車を降り、玉川上水沿いで花見を楽しみ、国分寺駅から帰路についていた。大正十三年からは桜の時季限定で仮乗降場が設けられ、それが駅の起源となった。

現在は国の名勝に指定されている小金井桜は、徳川八代将軍吉宗の時代に植えられたもの。当時は桜といえば染井吉野ではなく、山桜が一般的だった。したがって今残っている玉川上水沿いの山桜は都内でもめずらしく、歴史的にもたいへんに貴重なものとなっている。

江戸時代になぜこの上水沿いに桜を植えたかには諸説あり、花見客によって当時新田開発されたばかりの村に収益をもたらすため、花見客に護岸の地盤を踏み固めてもらい上水の崩落を防いだ、桜による上水の水の解毒作用を目的としたといった理由が挙げられていて、いずれの理由にもいちいち納得、感心してしまう。

この駅では、もとは北口のほうに西友や長崎屋などの大手スーパーやバスターミナルがあって開けていたが、中央線の高架化を契機に南口の開発が進み、駅前広場やホール、大型のマンション、イトーヨーカドーなどができている。

駅の周辺にはいくつか大学があるが、街に学生街らしさは感じられない。東京学芸大学と東京農工大学は国立大学。東京経済大学は大倉財閥の大倉喜八郎が作った大学で、いずれもまじめそうな雰囲気の学校だ。

駅南側を国分寺方向に歩いていくと小金井市役所や小金井警察署のある行政エリアとおぼしき一画になり、その市役所の向かいには「Ｔｅｒａｃｏｙａ」という高級そうなフランス料理レストランがある。昭和九年築のお屋敷をレストランにしたという店で、日本庭園越しの高台からの眺めがすばらしい。この建物を建てた祖父から食の英才教育を受けたという方が、現在のオーナーシェフを務めている。

店の周辺は坂上からの見晴らしがよいお屋敷街となっていて、並びには明治・大正期に外交官や衆議院議員として活躍した波多野承五郎の別荘の庭園跡・滄浪泉園《そうろうせんえん》もあり、現在は市立公園となっている。当初は今の三倍の面積の広い庭園だったというが、今でも個人宅の庭としては広すぎる規模。湧水と段丘のある園内を歩くと、国分寺崖線＝ハケの地形とはこういうものかということがよくわかる。

　中央線の南側のハケは、この武蔵小金井あたりから国分寺方面にも続いていて、その斜面には何本もの坂道が並び、坂下には野川が流れている。その坂道や野川沿いの

上・かつての駅南口の三角屋根駅舎。
下・滄浪泉園。

遊歩道などを歩くと武蔵野の自然を感じ、小金井市内一のおすすめ散歩コースとなっているようだ。そのルート上には俠客・小金井小次郎の墓や小金井神社、はけの森美術館などが点在している。

小金井小次郎は小金井村の名主の息子で、関東一円に三千人の子分がいた大親分だったとか。たびたび博打を張ったことで三宅島に島流しになり、小金井に戻った後の明治十四年に亡くなる。講談や浪曲のテーマにもなり、物語のなかの人物とも思える人が実際に明治時代まで生きていたことを知って驚いた。

崖線沿いにあたる「はけの道」を歩いていくと「はけの森美術館」に出合う。洋画家の中村研一の家とアトリエ跡にできた美術館で、庭には水が湧き、美術館沿いには「はけの小路」も整備されている。中村研一は東京美術学校を卒業してパリに留学し日展などで活躍した洋画家。代々木のアトリエを空襲で失い、戦後小金井に移り住んで昭和四十二年に亡くなるまでこの地で創作を続けた。

その美術館隣りには鴨下さんという立派な家があるが、小金井にはとにかく鴨下さんという苗字の家が多い。美術館の向かいは鴨下さんの営む花園で、シクラメンの花などを栽培されている。中央線沿線も三鷹あたりからは農地をよく見かけるようになるが、小金井一帯も畑が多く、野菜の無人販売所もあちこちにある。

はけの道はやがて野川に近づき、その先で武蔵野公園へと至る。この武蔵野公園では三十年ほど前から毎年十一月はじめに「はらっぱ祭り」が開かれていて、これはヒッピーのお祭りとして中央線名物となっているものと聞く。

　ライブ演奏があるほか、リサイクル品のバザー、屋台などが出て、元ヒッピーや現役のそれらしい人、近所に住んでいる親子連れなどいろいろな人が入り交じって楽しむ恒例イベントだとか。中央線沿線や付近の飲食店などの屋台が出て、そんなことでも沿線色を味わえそうだ。このお祭りに行けば、七〇年代そのものの中央線カルチャーの雰囲気を今も感じられるのだろうか。

国分寺　「三寺文化」の総本山

中央線「三寺文化」ということがよくいわれる。一九七〇年代の若者カルチャーを色濃く反映した中央線沿線の代表的な駅が高円寺、吉祥寺、国分寺と「寺」の文字の付く駅名だった。いずれの駅にも若者や学生が多く独自の中央線沿線文化が発生した。

その「三寺」のなかでももっとも歴史と由緒がある寺のあった地が国分寺だ。国分寺駅の南側には武蔵国分寺跡と国分尼寺跡があり、現在は歴史公園となっている。

国分寺は奈良時代に聖武天皇の命で各地に建立されたものだから都内の史跡としてもかなり古い。現在も建物の礎石が残り、境内は広大で立派だったことがわかる。中央線の線路も何もない大昔、この地にこんな重要なお寺が建てられていたなんて驚くべきことだ。寺は八世紀に建立され、十四世紀に焼失し、現在はその北側に江戸時代に再建された寺がある。

国分寺の街を歩いていると「本多さん」という家が多いことに気づく。駅の北側には本多という町名もあり、本多クリニックや本多アパートなども見かける。国分寺市民の友人に聞くと元国分寺市長も本多さんだったとか。

国分寺市本多の町名一帯は近世に新田開発によってできた地域で、駅南側の国分寺崖線沿いの国分寺村の本多氏によって開発された。崖線沿いにある遊歩道・お鷹の道には今も本多俊一さんという方が営む農産物直売所があって、地元民にも国分寺散策にやってきた人にも人気だ。

国分寺にはこのほかにも野菜直売所がたくさんあって、都心からも近い通勤圏で、採れたての野菜が買えるのは魅力。しかも値段は都心のスーパーの半値ほど。ハケの道散策に来た主婦の方々が野菜を爆買いしているのも目撃した。国分寺野菜を使った料理を出すカフェやイタリアンなどの店も増えて、地元産の野菜は名物になっている。

そして国分寺の散歩コースというと、小金井にも続くハケといわれる崖の下に沿った遊歩道や別荘跡の庭園などを巡るコースが人気。駅前にある殿ヶ谷戸庭園は昭和初期には岩崎家の別荘だったが、それ以前は三菱合資会社社員で満鉄副総裁も務めた江口定条の別荘だった。庭園内には竹林、萩のトンネル、池などが配され、園内の茶屋から見下ろすと急斜面の下に池があり、あまりの高低差に恐怖を感じるほど。

中央線が国分寺駅を下り方面に発車してすぐ、線路右側に見える木立一帯が日立中央研究所で、ここも戦前は今村銀行（後の第一銀行、現在のみずほ銀行）頭取の今村繁三の別荘だった。こちらの敷地内には武蔵野一帯に流れる野川の源流である湧水や大きな池もあり、年に二回春と秋に一般公開されている。この武蔵小金井から国分寺一帯に広がる多摩川の河岸段丘にあたるハケ地形には、このほかにも戦前の政財界の大物たちの別荘が点在していた。

戦後の七〇年代前後から、国分寺には現在の中央線沿線カルチャーを形成した若者文化が新宿方面から押し寄せてきた。駅近くにある喫茶店「ほんやら洞」は、七〇年代のフォーク全盛時代にシンガーソングライターとしてデビューした中山ラビの店だ。この店にはまた別の国分寺市民の友人に連れていかれ、「トマ酎」というものを飲まされた。トマトジュースを焼酎で割ったものがトマ酎。一瞬その組み合わせに驚いたが、アメリカンカクテルの定番ブラディ・マリーが、トマトジュースをウォッカで割ったものだと思い出せば特に違和感はない。

アメリカのヒッピーから影響を受けた和製ヒッピーの元祖・山尾三省《さんせい》たちがコミューンを結成したのも国分寺だった。その共同体のほとんどは七〇年代後半にあっけなく崩壊したが、そのヒッピー魂は今の中央線沿線カルチャーにも大きな影響を与えてきた。

その国分寺駅の北側では、ただいま大規模な再開発が行われていて、数年後はタワーマンションが立ち並ぶ中央線らしくない街となるらしい。以前は昭和の雰囲気の残る飲食店街だった一帯は軒並み工事現場となっていて、三寺文化の伝統が根絶されてしまうのではないかという危惧さえ感じる。

そしてまた、最近の国分寺駅で驚いたのは昼下がりに駅のホームで見かけた大勢の小学生だ。私立学校と思われる制服を着ていて男の子も女の子もいる、ということは共学。制帽の刺繍にwasedaと書いてあって、この地に移転した早稲田実業の初等部の子どもたちと気づいた。早稲田実業と言えば、「都の西北」の早稲田の森に隣接していた系列校。平成十三年に国分寺に移転してすでに十五年以上とはいえ、今は初等

上・駅北側で進行中の大規模再開発。
下・あちこちにある野菜直売所。

部もあり、男女共学であることを知ると隔世の感だ。早実初等部に通う小学生女子は、将来バンカラな「早稲女《わせじょ》」となるのだろうか。この国分寺の早実キャンパスには、卒業生の名を冠した王貞治記念グラウンドや小室哲哉記念ホールもある。

このほかにも周辺には大学が多い。東京学芸大学や東京経済大学のほか、国分寺駅から発車する西武国分寺線と西武多摩湖線の沿線には武蔵野美術大学や一橋大学の小平国際キャンパス、津田塾大学などもある。学生が暮らし、集うことが街を活性化させ、中央線らしい沿線文化を熟成させてきた。それが国分寺が中央線沿線カルチャーを代表する三寺の街となった理由なのだろう。

西国分寺　貨物列車に会える街

国分寺駅の隣り駅、西国分寺駅は昭和四十八年開業で都内の中央線駅でもっとも新しい駅だ。以前は貨物専用線だった線路がこの年に武蔵野線として旅客化され、中央線との連絡駅として開設された。

その西国分寺駅の中央線ホームに降り立つと、ホーム沿いのキヨスク、うどん店、理髪店などの店舗が西部劇に出てくるウエスタン風のデザインとなっているのが唐突で不思議だ。西国分寺在住の友人になぜだろうと聞いてみたところ、「それはね、駅名に『西』って付いてるからだよ……」という脱力感に満ちた答えが返ってきた。

中央線とほぼ直角に交差している武蔵野線のホームのほうに行ってみると、その線路には今も貨物列車がよくやってくる。女鉄道マニアの修業中で、特に貨物列車好きの私にはたいへん魅力的な場所だ。

ある日、この駅で貨物列車の写真をなんとしても撮る必要があり、貨物時刻表を調べたうえで昼時にやってきたことがある。貨物列車は曜日によって運行されなかったり定刻通りにはやってこなかったりするクセもの。もうすぐ目指す列車がやってきてもいいという時分に、一眼レフを抱えた中高年男性グループ七〜八人がぞろぞろとやってきて、ホームの端で列車を待ち構えている。なんだかみんな楽しそうで「撮り鉄同好会」のような雰囲気。しばらくするとおじさん、おじいさんたちが「来た来た！」とカメラを構えだした。やってきたのは延々と末尾の車両が見えないくらいコンテナ貨車を牽いたＥＨ５００「金太郎」という人気貨物機関車。この駅にはこのほかにも桃太郎機関車やブルーサンダーなどのスター級貨物機関車が牽く貨物列車が次々に来るので、都内の貨物撮り鉄ポイントになっているのだ。

　西国分寺駅前は、ショッピングセンターやマンション、タワーマンションなどが立ち並ぶ新しい街並み。なかでも中央線線路南側の「クルミドコーヒー」は童話に出てくるようなインテリアと水出しコーヒーで評判の高いお店だ。休日などは何人もの人が順番待ちしている。オーナーは元コンサルタント会社社員やベンチャーキャピタル経営の後、実家の建て替えでのビル新築とともに平成二十年にこのカフェをオープンさせたのだとか。テレビのニュース番組のコメンテーターも務め、肩書きを「カフェ経営者」として紹介されているのも見かけた。近頃はカフェという人の交流する場を作るのがトレンドの事業らしい。そんな話題の店がこの西国分寺という街にできていることに感心する。

西国分寺駅の中央線線路南側には東山道武蔵路跡という古代の道路の遺構もある。歴史的に価値のあるもので、武蔵国分寺と国分尼寺はこの道を挟んで東西に建てられた。遺構は、かつてこの地にあった国鉄中央鉄道学園の跡地から平成七年に発見されたもので、このあたりは古代の武蔵の国の遺構がまだいろいろと隠されていそうな土地柄だ。

この東山道遺構の近くには、平成二十九年一月に都立新多摩図書館がオープンして

上・中央線ホームに並ぶウエスタン風の店舗。
下・東山道武蔵路跡。

いる。東京都には広尾の中央図書館もあるが、雑誌を収蔵する図書館として南武線の西国立駅最寄りに多摩図書館というのがあった。そこが容量オーバーとなり、約二・五倍の収蔵量を備えた新図書館が建設されたのだ。真新しい図書館には「東京マガジンバンク」という六千タイトルの雑誌の一年分のバックナンバーを自由に読めるコーナーなどがあって、大いに使い出がありそうだ。雑誌好きの私としては、中央線に乗ってこの図書館に古い雑誌や、昔読んだ懐かしい雑誌を読みに行ってみたいと思っている。

国立　文教地区に残る作家・山口瞳の面影

国立は中央線沿線の街としてはちょっと異質だ。ここは、西武グループの創業者、堤康次郎《やすじろう》による箱根土地株式会社によって学園都市として開発された街。その点では田園調布や成城のような私鉄沿線の住宅街のようでもある。南口にあった赤い三角屋根の駅舎は大正十五年築で、長年この街のシンボルとなってきた。

今も駅南口を出てすぐのロータリーの植え込みには「国立文教地区」という看板があり、地元の歴史文化と環境を重んじるプライドが漂っている。しかしそのわりに、その駅名は、国分寺と立川の間にあるから、両者の頭文字をとって「国立」と名付けられたというのがなんだかアバウトな感じで笑える。

その国立市民の心の拠り所だった三角屋根の国立駅駅舎が、中央線の高架化のために撤去されたのは、平成十八年のことだった。駅舎建物の部材はＪＲではなく国立市によって保管されていたが、先ごろ南口の駅前に再建されることが決まった。完成した駅前風景を見るのが今から楽しみだ。

大正から昭和にかけて目白文化村、西武線の大泉学園、小平を住宅地として開発した箱根土地株式会社は、関東大震災で被害を受けた一橋大学（当時は東京商科大学）が国立に移転することになり国立の開発に着手する。

当初、一橋大学は大泉に移転するという話があったがこれが頓挫し、中央線沿線のこの地に移ってきたというのが、今日の国立発展の始まりだ。なにしろ国立という駅を請願して設けたのも、三角屋根の駅舎を建設したのも、南口駅前の広々とした大学通りも、堤康次郎の箱根土地の一橋大学を中心とする住宅開発によるものだからだ。駅前の大学通り沿いには箱根土地の本社があって、堤康次郎自身も一時期国立に住んでいたというから、会社としてのこの街の開発への取り組みはかなり本格的だったはずだ。

大学通りは幅約四四メートルで、イチョウと桜の二重並木になっている直線道路。一橋大学のキャンパスはこの通りの両側に広がっていて、伊東忠太が設計した講堂や図書館など昭和初期築の建物が何棟もある。とにかく立派で、大学通りとこの建物群を見る目的だけに国立まで来る価値があるほどのものだ。

国立には一橋という街の核になる大学のほかにも、国立音楽大学の付属小中高、国立学園、桐朋学園、都立国立高校といった名門校が揃っている。

国立音大がこの地に移転してきたのは昭和元年と、実は一橋より古い。当時は国立駅はできていたが乗降客が少ないので中央線は停車していなかった。そこで音大の女子学生が鉄道省に何度も陳情に行って、昭和四年からこの駅に列車が停まるようになったのだとか。その年に一橋が移転してきたが、大学のまわりはまだ武蔵野の原野だったという。

戦後の昭和二十年代、朝鮮戦争のために立川基地に駐留する米兵が増え、国立にも米兵相手の売春宿が現れた。このために地元では文教地区指定を目指す運動が始まり、建設省と東京都から指定を受けたのは昭和二十七年。国立文教地区の裏側にはそんな歴史があったのだ。

国立の大学通りを歩いて一橋大学を過ぎ、そのままひたすら十分ほど歩いていくと、通りの右側に総戸数三百四十三戸というかなり大きなマンションが建っている。一番高い部分で十四階建て。このマンションの計画中に周辺住民から景観権の侵害になると建設反対運動が起き、訴訟にまで発展した。

平成十三年にマンションを建設した不動産業者とマンションの住民が訴えられ、一審では反対側が勝訴。マンションの七階以上にあたる高さ二〇メートル以上の部分の撤去を命じる判決が出た。全国的に注目を集めた訴訟だったが、その後二審では反対側が敗訴、三審では最高裁が上告を棄却し、平成十八年に反対側が敗訴。その後もマンション開発業者が国立市を提訴するなど複数の訴訟が起きて、国立市や当時の国立市長を巻き込んで泥沼化した。

訴訟にまでなった発端はマンションの高さを大学通りの並木の高さである約二〇メートル内にするかどうかだったが、それを振り返りながら、この大学通り沿いのマンションを眺めるとまことに感慨深い。数年前久しぶりに国立を歩いた時、このマンションが駅から徒歩二十分ほどとけっこう離れていることにも驚いた。もっと駅前にあるのだと思い込んでいたからだ。そしてそのマンションの隣りに、たまたまフリーメーソンのロッジがあったのを発見。国立という街とフリーメーソンの組み合わせは、意外なうえになんだか不思議にも思えた。

大学通りをこのマンションのあたりから、さらに南にまっすぐ歩いていくと南武線の谷保《やほ》駅に至る。谷保駅の南側の甲州街道に面して谷保天満宮がある。国立に住んだ作家・山口瞳の散歩コースだったという境内は、林に囲まれて古式ゆかしい社殿も立派。ニワトリが放し飼いにしてあり、山口瞳の文学碑もある。国立が学園都市として開発される以前、今の国立駅前一帯も谷保村と呼ばれていたというから、国立の起源はもともとこのあたりにあるということか。

谷保駅のそばにはかつて「文蔵」というもつ焼き屋があって、山口瞳の「行きつけの店」でもあった。そしてここは山口瞳の代表作の一つでもある小説『居酒屋兆治』のモデルともなった。また、国立駅前の「ロージナ茶房」という喫茶店も、山口瞳の

「行きつけの店」として知られたところ。学生や地元民をはじめとした客で今もにぎわっている。

山口瞳は平成七年に六十八歳で亡くなった。そして谷保のもつ焼き屋「文蔵」は平成十八年九月に閉店。ロージナ茶房の初代店主は亡くなったが、今も店は続いている。

国立というともっぱら駅の南側ばかりが取り上げられるが、駅北側には、私が大いに注目している施設、鉄道総合技術研究所がある。駅から北側に歩いたところに研究

上・一橋大学キャンパス。
下・鉄道総合技術研究所正門前に保存展示されている951形車両。

所はあり、その敷地はけっこう広い。地図を見ると敷地内には線路もあり、以前は引込線で国立駅近くで中央線の線路とつながっていた。実験用の車両を研究所に運ぶ電化もされていない単線の線路で、遮断機のない踏切も三つあったとか。今その引込線は「ポッポみち」という遊歩道になっていて、線路は撤去されている。

鉄道総合技術研究所は昭和三十四年に浜松町からこの地に移転。ここでは自動列車制御装置＝ＡＴＣや高性能ブレーキ、リニアモーターカーなどのほか、昭和三十九年にデビューした東海道新幹線の研究開発も行われてきた。夢の超特急新幹線ひかり号が誕生した土地ということで、昭和四十一年には研究所の所在地である地名はそれまでの国分寺市平兵衛新田から光町に変わった。しかし毎年秋に行われている研究所の一般公開イベントは今も「平兵衛まつり」という名前だというのが牧歌的。この国立駅の北側はすぐに、国立市ではなく国分寺市になっているというのも意外だ。

研究所の正門前には東海道新幹線の０系に似た９５１形という車両が保存展示されている。これは昭和四十七年に山陽新幹線の線路で時速二百八十六キロという当時世界最高時速を記録した実験車両。そんな歴史的な新幹線の車両が、新幹線の沿線ではなく、中央線沿線の国立駅近くに展示されているというのもおもしろい。

立川　かつての軍都は中央線の大都会に

　五年ほど前、久しぶりに立川駅で中央線を降りて街を歩いたらあまりの人通りの多さに驚いたことがあった。駅構内も北口も南口もすごい人混み。駅前の歩行者用デッキの上を多摩都市モノレールが通過していく風景は未来都市のようでもある。それにしても立川ってこんなに栄えていたっけ?!

　私がそれ以前に立川駅で下車したのは十年以上前で、米軍立川基地跡地の再開発として、ファーレ立川というパブリックアートのある街ができたのを取材に来た時だった。その頃駅北口には伊勢丹と髙島屋はあったが、街なかはこれほどにぎわっていた記憶はない。その後、多摩モノレールが開通し、駅前に歩行者用デッキができて、立川基地跡の再開発がさらに進み、こんな具合になったらしい。中央線沿線に住む知り合いに聞くと、以前は国分寺や国立あたりの住民は、休日などの買い物は吉祥寺を目指していたのだが、今は立川に行く人が多くなっているという。

　多摩モノレールという多摩地区を南北に結ぶ交通システムを利用すると、立川という街が、中央線だけでなくこのモノレール沿いからも広く集客していることを感じる。沿線には高幡不動、多摩センターなど京王、小田急線の多摩地域の主要駅や、中央大学、明星《めいせい》大学、帝京大学、国立音楽大学などのキャンパスがあって、多摩ニュータウン地域と中央線の立川をつなぐということでも多摩地域の大動脈となっている。

鉄道ではないからと軽視していた多摩モノレールだが、多摩地域を移動するにはなかなか使い勝手がいい。以前八王子市にある大学の先生が多摩モノレールのことを「タマモノ」と言っているのを聞いてオヤジギャグの一種かと耳を疑ったのだが、沿線ではこの呼び方が通称になっているらしい。

その多摩モノレールのJR立川駅前の乗り場は、立川駅と直接接続しているわけではなく、駅の両側で「立川北」と「立川南」駅に分かれているのが画期的。立川駅ホームでは特急「スーパーあずさ」の上をモノレールが横断していく様子を偶然目撃して新たな中央線風景を発見したような気がした。

その立川駅のホームの立ち食いそば屋で見つけたのは「おでんそば」という立川駅独自のメニュー。もとは駅前にあって食堂と立川駅の駅弁屋を経営していた中村亭がホームの立ち食いそば屋で始めたメニューで、そば屋がJR系列になってからも残っている。そばの上にさつま揚げやがんもどきがのっているというもので、なぜだか立川らしさを感じる。

立川駅前にはＪＲの駅ビルとして南口にはグランデュオ、北口にはルミネがあり、駅ナカにはエキュートがあって、ＪＲががっちりと買い物客をつかまえている。しかし北口側には伊勢丹、髙島屋、ビックカメラもあって、駅前から多摩モノレールに一駅、二駅乗るとイケアやららぽーとという大型商業施設もある。

実は立川駅は、中央線では新宿駅、東京駅に次いで乗車人員が多く、中野、吉祥寺、八王子よりもにぎわう中央線の大都会になっている。立川には多摩モノレールのほかＪＲ青梅線、南武線も乗り入れている。青梅線の終点は奥多摩駅。南武線は立川から府中を通って川崎まで東京―神奈川の工業地帯をつなぐ路線。それら広範囲にわたる沿線からも立川は多くの客を集めているのだ。

立川はもともと軍都だった。駅の北側には大正時代後期に陸軍航空隊が設立され、立川飛行場となって、その周辺には軍需工場が立ち並んだ。そのためか太平洋戦争時には空襲に遭い、街の大半は焼失した。戦後は飛行場が米軍に接収され、長いこと駅北側は基地の街となっていた。

朝鮮戦争の勃発した昭和二十五年以降は、立川基地は米軍の極東最大の輸送基地となり、傷病兵や破損した戦車、トラック、燃料などを運ぶ貨物列車で立川駅構内があふれかえった時期もある。基地拡張計画に反対する砂川闘争、六〇年代から七〇年代のベトナム戦争の時期にはベトナム反戦運動と、基地の周辺では常にデモや集会が行われ、警官や機動隊が出動する衝突の絶えない場所だった。

その後昭和五十二年に立川基地は全面返還。基地跡には昭和五十八年に昭和記念公園が開園。昭和天皇の即位五十年を記念してできたもので、これができた時まだ昭和天皇が在位中だったことを思うと感慨深い。

昨年初めてこの昭和記念公園に行ってみたが、とにかく広くて立川駅から公園の入口までたどり着くまでが一苦労だった。公園の入口は立川駅最寄りのあけぼの口のほか、青梅線の西立川駅からの西立川口、西武拝島線武蔵砂川駅からの砂川口などいくつもあるがどこも駅から遠く、公園までたどり着いてもさらに園内は広大で途方に暮れる。

あけぼの口の近くには昭和天皇記念館があって、その遺品や資料などが展示されている。儀式用の御椅子、国産初の御料車ニッサンプリンスロイヤル、生物学御研究の成果などが展示されていて皇室ファンには一見の価値ありだ。

原っぱや森が広がる公園内には、日本庭園や盆栽苑、武蔵野の農村を再現した「こもれびの里」、バーベキューガーデンやプールなどもある。とにかく広くて移動するのがたいへんなので、貸し自転車やパークトレインという汽車のような形をした自動車が園内を走っている。

この昭和記念公園に隣接して陸上自衛隊の立川駐屯地と立川広域防災基地がある。

平成七年に阪神淡路大震災が起きた後、東京で大地震が起きた時の対策に注目が集まったが、多摩地区においてはここに防災基地があるから安心とされた。しかし、その後この基地のなかを活断層が貫いているという問題が指摘されたのだ。

確かに調べてみると、立川断層は埼玉から立川、府中方面に北西から南東の方向に中央線の線路下も通って走っている。立川断層が地震を発生させる可能性は低いという説もあるが、果たしてどうなのだろうか。

南口駅前のペディストリアンデッキから多摩都市モノレールを望む。

立川には競輪場がある。駅の北側に昭和二十六年にできたというから、米軍基地時代からあったということだ。競輪は、競馬やオートレース、競艇と比べてもよりディープなイメージのあるギャンブルだ。競馬場とオートレースには行ったことがあるが、競輪場には今まで行ったことがない。競輪は馬やボートが走っているのとは違って、人間が自転車を漕いで勝負しているために、負けた選手に対するヤジや罵倒がすごいのだとか。立川の競輪は立川市営。このほか調布市には京王閣の競輪場、府中の是政には多摩川競艇、そして東京競馬場と、一帯には一大ギヤンブルゾーンが広がっていて、これも多摩地域の一つの個性となっている。

最近の立川のにぎわいぶりにつれて、駅前の商業地域の地価も上昇している。平成二十六年に駅前にできた三十二階建てのタワーマンションは発売直後に完売した。やはり中央線は利便性が高いので、八王子、立川、国分寺と多摩地域の駅前には最近続々とタワーマンションが建設されている。

駅前がにぎわうのはよいことだが、地価が高いとチェーン店や大型店など、どこにでもあるような店しか街にできなくなっていく。吉祥寺がそうなる傾向にあるのが近年危惧されているが、もともと小さな個性的な店が少ない立川駅周辺も、その方向に進んでいきそうな予感がする。立川駅の特に北口側では今後まだまだ再開発が進んでいくようだが、街はどのように変わっていくのか。とりあえず中央線の大都会として立川はますますにぎわっていきそうだ。

日野　新選組ゆかりの地で近代鉄道遺産に出合う

都心からひたすら直線の線路を走ってきた中央線は、立川駅を過ぎていきなり大きくカーブし南下していく。その先で電車が渡るのが多摩川鉄橋。多摩川という大きな川を渡ったことで、沿線の車窓風景も、風土、カルチャーも、今までと違ったものになってきたことを感じるはずだ。

中央線においてこの多摩川鉄橋は重要な鉄道遺産だ。当初は現在上り線に使われている側のみの単線の鉄橋しかなく、中央線が新宿―立川、そして立川―八王子に開通した明治二十二年にできている。創建当時からの橋脚や橋台がまだ現役で使われていて、補強されているとはいえ、よく百年以上も川の流れに耐え続けてきたと思う。

日野駅から十分ほど線路沿いに上り方向に歩いていくと多摩川に至る。その河原から中央線の列車が多摩川を渡っていくのを間近で見ると、これは本当によい眺めだ。快速列車や特急の「あずさ」「スーパーあずさ」ばかりでなく、時々貨物列車もやってきて、山梨や長野にも近い中央本線らしいエリアになっていることを感じる。

下流側を眺めると多摩都市モノレールがやはり多摩川を渡っていくのが見える。日野市内には、中央線の日野駅、豊田駅があるほか、京王本線と多摩モノレールが通っていて、高幡不動、多摩動物公園、平山城址公園などの駅もある。

日野は江戸時代、甲州街道の宿場でもあった。日野駅前では中央線の線路は甲州街道と交差し、この甲州街道を東に十分ほど歩いていくと日野宿本陣がある。本陣は江戸時代に大名や幕府の役人などが宿泊した施設で、日野の本陣は都内に残る唯一の本陣建築として貴重。現在の建物は幕末の一八六三（文久三）年に再建されたものだ。

そして日野といえば新選組ゆかりの地でもある。土方歳三や井上源三郎の出身地であり、彼らが武道の稽古に励んだ道場もあって、新選組ファンの聖地でもある。以前、日野駅の周辺を歩いた時には土方さんという家をあちこちで見かけ、土方一族がこの地に深く根付いていることを知った。

ＪＲ日野駅は多摩川と浅川に挟まれた場所にある。一帯には河岸段丘が連なり、あちこちに急坂や階段があって、東京都心の坂道地形とはまた違った多摩の凸凹地形が見られる。多摩川、浅川から取水した用水路が市街には張り巡らされていて満々と水が流れ、そのほかにも段丘下のあちこちに湧水があり、とにかく水が豊富な水郷だという印象を受ける。この水を活用して江戸時代から米、麦、野菜などが生産され、明治時代になると輸出用生糸の需要にしたがって養蚕がさかんになった。そういえば日野のお隣り八王子は絹織物の街だ。

　そして現在の日野の農産物の名産品はブルーベリー。やはり日野、豊田の駅付近を歩いていて観光ブルーベリー農園を何軒か見かけたことがある。夏が旬で、七月から九月にかけて摘み取りができる。平成十年に日野市ブルーベリー研究会が発足し、東京都と日野市の補助が受けられることで爆発的に栽培が広がったのだとか。ブルーベリーのタルト、ジャムなどは軽井沢のおみやげというイメージだが、密かに都内中央

上・赤い三角屋根の駅舎。
下・多摩川鉄橋。

線沿線の名物となっていたとは意外なことだった。

ＪＲ日野駅の駅舎は、中央線快速区間ではすっかりめずらしくなった戦前の建物。多摩の農家を模したという昭和十二年築の赤い屋根の建物はかわいらしい。当時一帯には水田と桑畑が広がっていたのだろうが、それも今はすっかり宅地化している。

その日野駅前を歩いていたら道端に「甲武鉄道の開通と日野煉瓦でできたトンネル」という説明板を発見した。それによると、中央線は明治二十二年に新宿―立川間で開通したが、その先で多摩川と浅川を越えるのに鉄橋建設が課題となり、地元日野宿の有力者たちが「日野煉瓦工場」を設立し、鉄道建設のための煉瓦を生産した。その煉瓦は、今も中央線の多摩川鉄橋や日野用水の鉄橋で見ることができるとか。大正時代、まだ単線だった多摩川鉄橋を蒸気機関車が渡っている写真もその説明板にはのっていた。

俳優の三浦友和とＲＣサクセションの忌野清志郎は都立日野高校の同級生だった。忌野清志郎が日野高校の先生のことを歌った「ぼくの好きな先生」、国立駅近くにある「多摩蘭坂《たまらんざか》」をテーマにした作品などは中央線の名曲ともいえる。そして、結婚した百恵さんとともに今も沿線の国立に住み続けているということで、三浦友和という人も案外中央線人としての人生を貫いているのではないかと思える。

また、お笑いコンビ「アンジャッシュ」の渡部建と児嶋一哉も都立日野高校の同級生。その日野高校は、当然駅の近くにあるのだとばかり思っていたのだが、駅前の地図には見当たらない。調べてみると日野駅からはかなり遠い、多摩モノレールの万願寺駅と高幡不動駅の間にあることがわかって、ちょっと拍子抜けしてしまった。

豊田　かつてのニュータウンと豊田車両センター

女鉄道マニア修業中である私にとって豊田と言えば、中央線の巨大車庫、豊田車両センターのある土地ということになっている。たとえば「スーパーあずさ」に乗って松本に行く時などに、駅から下り側の延々と続く車庫にオレンジ色のラインの電車が何編成も並んでいる風景には毎度目を奪われる。

その豊田駅で電車を降りるのは実は今回で三度目。以前は、中央線沿線の凸凹地形を散歩する取材で日野駅から豊田駅までの河岸段丘を延々と歩いた。その後、撮り鉄修業の一環として豊田車両センターの写真を撮りにきたことがあった。今回は豊田という街をより立体的、歴史的に理解することが目的である。

新宿駅から四十分ほど電車に乗り、豊田駅で降りて駅北口から線路の南側を眺めると、まわりの風景はかなり田園色を帯び、遠くには多摩丘陵の山並みが見える。さすがに奥多摩地方とは違うが、このあたりはかなり本格的な田園地帯であることを実感する。

駅の上り側と下り側には踏切がある。中央線の線路は立川まで高架化されたこともあり、都心から延々と走ってきた線路に踏切が出没するのはこの豊田駅の前後が初めてだ。

ここでは駅の北口と南口ではまったく地形と街並みが異っていて、まるで違う土地のよう。北側は高台になっていて団地や工場が開発されている。一方、駅南側は低く、ここは都内の駅なのだろうか思うようなひなびた雰囲気なのだ。

北口のほうに出ると、駅前には六〇～七〇年代にできたと思われるシブいビルが並ぶ商店街が続いている。豊田駅近くには昭和三十二年に日本住宅公団により開発が始まった多摩平団地があった。当時は戦後復興が進み、東京に人口が集中し住宅難が問題となっていた。そこで東京郊外に職住近接の新しい街「衛星都市」を作ろうと政府が構想し、日野・八王子がその候補地の一つとして選ばれた。多摩平団地は、団地がみんなのあこがれだった時代に建設され、入居するには高倍率の抽選があった。しかしそれから五十年以上、老朽化した団地は今UR都市機構により建て替えられ「多摩平の森」として新たに生まれ変わっている。

昭和三十年代、日野市に衛星都市が計画されたのは、この街には戦前に誘致された工場群があり、職住近接で働くことができる場があったからでもある。日野市は多摩川、浅川も近く湧水や用水路が至るところにあり、水を大量に必要とする工場の用地に適していたため、戦前から日野自動車、富士電機などの工場が進出していた。今もコニカミノルタ、富士電機などの工場があり、駅前からは東芝や帝人の工場のある平山工業団地循環のバスも出ている。しかし近年、東芝工場の撤退と日野自動車工場の移転が発表され、これからの地域のあり方を考え直さなくてはならない時期となっているようだ。

三年ぶりくらいに豊田駅北口側に来てみたら、多摩平団地の建て替えも進み、街の雰囲気も変わってきている。何より驚いたのは、駅の近くにイオンモールができていたことだ。地方都市のロードサイドにあるイオンモールが中央線の駅近にあるとはめずらしく、思わず中に入って一周してしまった。このイオンは「多摩平の森」の再開発の一環としてできたもので、都内の中央線沿線唯一のイオンモールでもある。この手の商業施設はいかにもこの街の新住民に人気がありそう。中央線の駅前というとかつては昔ながらの商店街が必ずあったものだったが、今はアトレやｎｏｎｏｗａというＪＲの商業施設や大型スーパーに取って代わられている。

ここ豊田駅の駅前では、バス乗り場のバスはほとんどが京王バス。駅前の書店は京王線沿線に多い啓文堂書店で、どうもＪＲの駅前なのに京王線文化圏のようだ。このあたりでは新宿からつかず離れず平行して走ってきた中央線と京王線の線路が近くなっているうえ、豊田駅の隣り駅の八王子駅は京王本線の一大拠点でもある。

中央線の豊田駅から八王子駅の間の線路はけっこう曲がりくねっている。駅間は中央線快速では八王子—西八王子間と同じく、もっとも長い五分。

その豊田駅と八王子駅の間にあるのが豊田車両センターだ。オレンジラインの中央線快速電車の車庫は、ここと武蔵小金井にある豊田車両センター武蔵小金井派出所の二カ所で、東京駅始発で都心でも活躍している中央線は、毎日こんな遠くの車庫から通っているのだ。

上・中央線の巨大車庫、豊田車両センター。
下・駅前の踏切。

この豊田車両センターが完成したのが昭和四十一年。この時に豊田駅が現在のような改札とホームの形になり、北口駅前の広場や道路が整備された。北口駅前にシブいビルが並んでいたのはこのためだったのか。

多摩平団地が開発された地域は、大正末に宮内省の御料林が設けられた地だった。その後林野庁の林業試験場となり、団地の建設を経た後も、モミ、ユリノキなどの大木が残され、それらは現在の多摩平の森にも受け継がれている。今も水と緑にあふれたこの土地は、その地名のごとく豊かに感じられる。

八王子

絹織物で栄えた街で探す花街の面影

八王子は甲州街道の宿場として歴史のある土地。中央線の駅の北側に甲州街道があり、街はこの街道と宿場を中心に発展してきた。

ＪＲ八王子駅の北口に出ると、ロータリーの上に歩行者用のデッキがあって、その周りには大きなビルが並んでいる。しかし一見して立川駅の駅前とも見分けがつかず、ここが明確に八王子という土地であることを感じさせる特徴がないのが残念な感じだ。駅前にはそごうデパートがあったが平成二十四年に閉店し、その建物は今、ＪＲの駅ビル「セレオ」の北館となっている。伊勢丹も高島屋もルミネもあり駅構内も駅前もたいへんな人出の立川駅と比べると、この駅前はどうもにぎわいに欠ける。中央線沿線、多摩地区一の商都であった八王子は、いつの間にか立川に先を越されてしまったようだ。

八王子は戦後の高度経済成長期にも絹織物の都としてにぎわい、かつての宿場に近い八日町にはまるき百貨店、イノウエ百貨店ができたが、やがて繁華街はより駅に近い横山町に移動し、さらに駅前へと移っていった。横山町には伊勢丹と大丸が、そのほかにも西武、緑屋、丸井があったが、これらが今すべて閉店しているという事実に驚く。

駅付近を歩いても地元らしいものは見当たらず、中央線駅からちょっと離れた甲州街道沿いを歩けば何か見つかるかもしれないと行ってみる。しかし八王子の街は昭和二十年に空襲で焼けたため、古い建物や街並みはあまり残っていないようだ。歴史のありそうな商店がいくつかあるがそれも戦後にできたもので、旧街道沿いに宿場町の面影はない。

実はこの甲州街道沿いで私が目指してきたのは、ユーミン＝松任谷由実の実家である荒井呉服店だ。昭和四十七年、十八歳の時にニューミュージック界に彗星のようにデビューした荒井由実は、この八王子の老舗呉服店のお嬢様だった。

私は十代前半からユーミンを聞いて育ったため、ユーミン様は自分のなかで神格化されているような存在だ。荒井呉服店は、甲州街道沿いのかつてデパートもあった八日町で現在も盛業中で、大正元年創業というから百年以上の老舗だ。おしゃれで有名なユーミンのファッションセンスは、家業が呉服店という環境に培われたものだったのだ。それにしても中高生の頃から、この八王子からはるばる六本木や麻布など都心のスノッブな遊び場に日夜出没していたというユーミンの行動力には感服する。

ユーミンには「中央フリーウェイ」という代表作があるが、八王子の地名が登場する作品はない。青梅線の西立川駅の景色を唄った「雨のステイション」、立川基地が登場する「LAUNDRY-GATE の想い出」などの歌があるが。ユーミンは中学生時代から立川や横田の基地に行ってはＰＸでレコードを買ったり、ハーフの子たちと遊んだりしていた早熟少女だったとか。

この荒井呉服店のある八日町あたりをはさんで、横山、八日市、八幡の三宿が八王子の宿場町の中心だった。江戸時代に八王子は甲州街道でも最大の宿場だったというが、品川、千住、板橋など都内のほかの宿場町と比べても、ここにはその名残はあまり見当たらない。

八日町から駅方向には「ユーロード」という街区を斜めに横断する通りがあり、この周辺はいくらかにぎやかそうなのでここを通って駅に戻ってみることにする。その途中で「八王子花街・黒塀通り」という界隈を発見した。大正、昭和期にこの中町あたりでにぎわった花柳界の雰囲気を復活させるために路地沿いに黒塀が続いていて料亭らしき店が数軒並んでいる。ちょっと神楽坂みたいな雰囲気でもある。

八王子の花柳界は地場産業である絹織物の発展とともに明治初期に発祥し、接待や宴会に用いられて発展し、宿場町らしく遊廓もあった。大正末期には芸妓百五十名になるまでに発展。戦災で一帯は焼け野原となったが、戦後復興で昭和二十七年には芸妓は二百名を超え、昭和三十年代が全盛期だったらしい。一度は寂れた八王子花柳界だが、その街並み復活とともに平成二十八年には五十年ぶりに半玉さんがデビューし、現在は十九人の芸者さんがいるとか。

この中町付近にあった遊廓や甲州街道沿いに点在していた貸し座敷は、明治三十年の八王子大火の後、八王子駅から北の浅川に架かる浅川大橋の西の田町に移転した。当時そのあたりは田んぼの真ん中だったというから、日本橋から吉原田圃に移転した江戸の新吉原のようだ。遊廓入口には御影石造りの大門もあったという。戦後は米兵が押し寄せ、その後昭和三十三年売春防止法施行まで続いた。今も数棟その時代の面影を偲ばせる建物が残っているらしい。

ＪＲ駅に向かう途中には京王線の京王八王子駅もある。八王子駅前の地図を見ると京王八王子駅の位置はわかるのだが、街なかを歩いていてもその電車の姿を見かけない。京王線はいったいどのあたりを走っているのだろうかと駅を目指してみると、駅ビルはあるのに駅がない。探しまわったあげく、京王八王子駅はなんと地下駅であることがわかった。

しかし地下駅を出発した京王線は京王八王子駅を出るとすぐに地上に出る。京王線終点の八王子駅はもっと大規模な駅なのかと思っていたが、高尾線と分岐するのは八王子より一つ手前の北野駅であるし、京王デパートや京王電鉄の本社のある聖蹟桜ヶ丘駅と比べても、街中での存在感がない。

　京王線は新宿を始発として高井戸、布田、府中と、甲州街道のルートにほぼ沿って八王子までを走っている。中央線と京王線の新宿―八王子間の所要時間と運賃を比較してみると、中央線快速が四百七十四円、四十六分で、京王線特急利用が三百六十円、約四十五分と京王線のほうが割安感がある。たとえば品川―横浜間ではＪＲ東海道線と京急本線の熾烈なスピード競争が繰り広げられているが、そのあたりのライバル関

上・八王子花街・黒塀通り。
下・駅北口のそごう百貨店は閉店し、駅ビル「セレオ」となっている。

係は中央線と京王線の間にはあまり感じられない。

今の八王子を象徴するものといえば大学キャンパスということにもなっている。一九七〇年代後半以降大学キャンパスの多摩地域への移転が続き、現在の八王子市内には二十一の大学、短大、高専があり、十万人の学生が住んでいる。

一九七〇年代当時はまだまだ日本の人口も学生の数も増えていた時期。過密化する都心からキャンパスを移し、アメリカの大学のように広々としたキャンパスで学ぶのがよいと考えられ、大学の郊外移転は進んだ。そういえば、多摩地区にキャンパスが次々と誕生していった一九七〇年代後半から八〇年代、郊外キャンパスのイメージの源とも思われるアメリカ・カリフォルニアのＵＣＬＡがカッコいいと、そのロゴの入ったＴシャツやトレーナーが流行っていたのを思い出す。

八王子地区の大学は八王子の駅前にあるわけではなく、市内の各駅からバスで二十分以上というところが多い。人口減少と少子化も進んだ一方、大学時代の四年間を多摩丘陵で過ごすよりは都心の学生街や繁華街のある場所で過ごしたいという若者も増えて、共立女子大学や拓殖大学、杏林大学など、最近八王子からキャンパスを移転する大学も増えている。中央大学も看板学部である法学部を近々都心に移転させる。

一九七〇年代に大学キャンパスの移転が相次いでから四十年あまり、八王子には中央線のほかの学生街である御茶ノ水や吉祥寺、国分寺、国立のような学生街とはなってこなかった。各大学のキャンパスがあまりに広大で立地も分散しているためだったのだろうか。

新潟県出身で中央大学に通っていた知人は、故郷よりもひなびた環境の八王子市内に住み、吉祥寺に遊びに行くのは遠出で、新宿に行く時にはかなり緊張したとか。学生が学び、住むことで活性化してきた中央線沿線だが、この八王子あたりでもその影響はあったはず。その証をなんとか実感したいものだ。

西八王子　八王子千人同心ゆかりの地

中央線快速の終点高尾駅と八王子駅の間にあるのが西八王子駅。八王子駅からこの西八王子、高尾駅まで、中央線の線路は比較的甲州街道に近いところを走っている。

ここは八王子駅の西にできたから西八王子駅で、駅が開業したのは昭和十四年というから、中央線快速区間では西国分寺、東小金井に次いで新しい駅だ。開設当時は駅前は畑が多く、戦前戦後とも荒涼としていたようだが、昭和三十年代になってから宅地化が進んだ。

初めてこの駅で降りて、北口駅前で発見して感動したのは「西八王子ロンロン」というショッピング街だった。「ロンロン」はかつて吉祥寺、そして三鷹にもあった駅と一体化した商業施設。特に吉祥寺のロンロンは、中央線の高架下に延々と続き、ここを通り抜けないと街に出られないというほどの存在感を持っていた。それがある日突然「アトレ」という名前に変わってしまったことにショックを受けたのは平成二十二年のことだった。三鷹のロンロンもなくなり、ロンロンという名称のものはこの世から消滅したのかと思っていたが、中央線沿線のこの地に残っていた！　とは言っても、西八王子のロンロンはとても小規模なアーケード商店街のような風情だが。

駅前の線路上り側には踏切が二つあり、街は適度ににぎわっている。中央線の駅というよりは都内の私鉄沿線の駅のような感じがある。

駅の南側にあるのは「サンドイッチハウス　メルヘン」。西八王子に行ったらどんなものがあるか中央線沿線に住む友人に聞いたところ「メルヘンがあるわよ」という情報を授けてくれた。「メルヘン」は高島屋や三越などのデパ地下や駅ナカによく入っているサンドイッチ屋さんで、とにかくその種類の多さには驚く。お店には、卵やサラダ、豚カツ、フルーツなどを挟んだサンドイッチが何十種類も並んでいる。一昔前はデパ地下に入っているサンドイッチと言えばたいてい「赤トンボ」だったが、いつの間にかそれは「メルヘン」に様変わりしていた。昭和五十七年創業のメルヘンのお店は南口駅前にあって、本社もその近くにある。正直いうと、この西八王子駅前にあるのが意外なメルヘンチックなサンドイッチ会社だ。

駅前は、やはり甲州街道が北側にあるので北口のほうが開けている。駅北側の浅川沿いには八王子市役所があるが、駅から徒歩約二十分とけっこう遠い。

駅前の地名は八王子市千人町。このあたりは八王子千人同心にゆかりの深い土地なのだ。八王子駅前付近の甲州街道沿いとは違って、西八王子駅前の街道沿いには立派なイチョウ並木が続いている。これは大正天皇の多摩御陵の造営を記念して昭和四年に植樹されたもので、高尾駅のほうまで続いている。

この街道を八王子方向に十分ほど歩いていくと、甲州街道が陣馬街道と二叉に分かれる追分にぶつかる。その二叉の間の小道の脇にあるのが「八王子千人同心屋敷跡記念碑」。千人同心の千人頭の一人である原家の屋敷がこの付近にあったということでこの場所に建てられたようだ。

記念碑の前にはくわしい説明板があって、思わず読み入ってしまう。八王子千人同心は、もともと甲斐武田家の家臣団で、江戸時代に幕府に仕えるようになり、江戸の西を守り、後には東照宮のある「日光火の番」を主な任務として、頭一人、同心五十人が半年交代で江戸の中期から幕末まで務めていた。千人町に住んでいたのは頭十人と同心約百人で、同心たちは八王子だけではなく、三鷹、川崎の登戸、相模原、埼玉の飯能などかなり広範囲に住んでいたという。

そう言えば小金井の江戸東京たてもの園には八王子千人同心の家が保存されていたが、これは組頭の家で、千人頭はそれよりさらに上役。たてもの園に移築されたものは以前この追分町にあったというから、このあたりにそんな家が並んでいたということか。茅葺きで農家としてはけっこう立派なものだが、拝領屋敷ということだから、当時の公務員宿舎のようなものだったのかもしれない。

上・駅前に残る「ロンロン」。
下・八王子千人同心屋敷跡の記念碑。

甲州街道と陣馬街道の追分には現在巨大な歩道橋が架かっている。その歩道橋の上から今まで歩いてきた甲州街道を眺めると、イチョウ並木の向こうに多摩の山並みが見えて美しい。

八王子の歴史遺産には千人同心と並んで生糸と絹織物がある。このあたりの多摩地域は地形が平坦ではなく山がちなので稲作には向かず、昔から養蚕や織物業が栄えた。市内各地にはその名残があるが、この追分町あたりの北方である中野上町には、明治

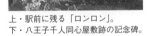

初期には群馬県の富岡製糸場を上回るほどの規模の工場があって、その製糸場の建物が残っていたりもする。八王子駅を発着する八高線や横浜線も生糸を運んだ列車だし、市内には鉄道が開通する以前に利用された「絹の道」も残っている。

やはり生糸の産地である群馬県の富岡製糸場は世界遺産に登録されたことで、観光地としてにぎわうようになった。八王子にも古くから絹を生産してきた「桑都」としての遺産が市内各地に残っているようだ。八王子の街を訪ねてその片鱗を知り、この地の絹の歴史を訪ねてみたいと、俄然興味が湧いてきた。

高尾 天皇陵と高尾山

東京駅始発の中央線快速列車の行き先の多くは「高尾」だ。そのため高尾という駅名はよく知っているが行ったことはなく、それがどんなところなのかはどうも見当がつかない。白状すると、この本の取材ということで初めてこの駅で下車してみた。

中央線快速区間ではとりあえずこの駅が終点なので、中央線でこれより先に行きたい場合は高尾で中央本線に乗り換えなくてはならない。そちらのホームに待機している列車の行き先は甲府、小淵沢、松本など。この駅から一気に山梨、長野方面までが直通している感じだ。

高尾駅のホームは立派で、屋根を支える支柱には古いレールが使用されている。北口の駅舎は昭和二年築の寺社建築風のつくり。中央線でも残り少なくなった歴史的な駅舎だ。この建物が立派なのは、駅の北側に大正天皇陵があり、その最寄り駅となったからでもある。寺社建築風の駅舎は大正天皇の大喪の時に新宿御苑に仮設されたものを移築したものだ。しかし、駅の南北を貫通する自由通路が建設されるため、この由緒ある駅舎ももうすぐ別の場所へと移築されるとか。

　駅で電車を降りホームに立つと、ごく近くに山がそびえているのに気づく。ここは高尾駅なのだから、これはどう考えても高尾山だろう。ただし高尾山の登山口はこのＪＲの高尾駅からは離れていて、お隣に見える京王高尾駅から京王高尾線に一駅乗った高尾山口という駅が最寄りになる。この京王高尾線が開通したのは昭和四十二年と、わりと新しい。

　しかし東京駅や新宿駅からはるばるこの終点までやってきて、その駅から間近に山の風景が見えるというのは感慨深い。高尾山には小学校の遠足で行ったが、別に楽しかったという思い出はない。私は子どもの頃から山登りやマラソン大会など、体育系の行事はすべて苦手だったのだ。

　その高尾山だが、このところすっかり人気の観光地となっている。というのもフランスの権威あるガイドブック『ミシュラン』で平成十九年に観光地として三ツ星を獲得。それで突然国内で人気が沸騰するという、よくあるパターンの展開となった。

　確かにいわれてみると、高尾山は都心に近い交通便利な豊かな自然を楽しめる場所だ。小学生の時はいやいや山登りさせられたが、登山がブームになった今はちょっと登ってみたい気もする。山頂の高さは六〇〇メートルで一時間四十分ほどで頂上まで行けるらしい。自分で登るのがいやならケーブルカーやリフトもある。以前からぜひ行ってみたいと思っているのは六月から十月まで営業している「高尾山ビアマウント」というビアホール。山上から都心を見晴らす展望台にあって夜景がすばらしいという。

JR高尾駅は、明治三十四年に開業した時の駅名は浅川駅だったが、かなり後の昭和三十六年に高尾山に近いことから高尾駅となった。当初の浅川という駅名は、駅周辺の地名が浅川だったから。

現在の高尾駅のホームには高さ二・四メートルという人間の背より大きい天狗のお面の石像があって、これはかなりのインパクトがある。その鼻は側面から見るとすごい高さ。高尾山には薬王院というお寺や天狗伝説もあり、ここはただの山ではなくパワースポットでもあるのだ。

最近の高尾は住宅地として注目されている。高尾山がミシュラン三ツ星の観光地になってイメージアップしたことや、周辺の自然が豊かなことが影響しているらしく、駅前にできた大型マンションは即日完売したとか。都心まで行くとなるとここからは乗車時間は長いが、なにしろ始発駅なので座って通勤できるのが魅力だ。快速電車の終点であることから、終電が近い列車では酔って寝過ごしてこの駅までやってくる乗客が多いことでも知られる。しかしその終点に家があれば安心だ。現在は東京駅二十四時二十分発の高尾行き最終列車は、二十五時三十七分に高尾駅着。寝過ごしてその

上・寺社建築風の立派な高尾駅舎。
下・中央線の聖地？　皇室の武蔵陵墓地。

時刻にこの駅に着いた人たちは、それにしてもどうするのだろうか。

高尾駅の北側一キロほどのところには武蔵陵墓地として、大正天皇、貞明皇后と昭和天皇、香淳皇后の陵がある。ここを訪ねてみようと駅から歩いていったが、駅からは途中にルート案内もなくわかりにくい。迷いながら十五分ほど歩いてその入口まで到達したが、敷地内はまたまた広く陵墓にたどり着くまではしばらく歩く。参道には京都から移植されたという北山杉が立ち並び、森のよう。神社のようでもあり古墳のようでもある雰囲気に圧倒される。

平日の昼、参拝者はぽつぽつと見かけるが少ない。昭和天皇陵が公開された平成二年には参拝者数は約百万人だったというが、それから四半世紀以上が経ち、近年の参拝者は年間約七万人だとか。

大正天皇の陵は東京にできた初めての天皇陵で、陵の公開が始まった昭和二年当時は、陵の参拝と高尾山をセットにした観光でこのあたりはにぎわったという。当時は京王高尾線はまだなく、高尾山口まで甲州街道を走る路面電車が敷設されていた。

このブームに乗って京王電鉄は北野駅から全五駅の京王御陵線を開業した。しかし太平洋戦争中に休止され、レールは軍に供出のため撤去される。現在はその廃線跡の高架が八王子の住宅地のなかに残っていて、鉄道廃線マニアの注目を集めていたりもする。

天皇陵と神様のいる山である高尾山。そんな高尾の地は、スピリチュアルな路線とされている中央線の快速列車の終点にやはりふさわしいような気がする。

あとがき

中央線方面に出かける時はいつも高田馬場や飯田橋から地下鉄東西線に乗って中野駅経由で行っていた。このほうがいったんＪＲで新宿に出てから中央線に乗るよりもショートカットになるからだ。

しかしこの本を書くためにさんざん中央線沿線に出かけて、この近道が私の中央線理解を妨げていたと実感した。やはり中央線スピリットは、オレンジラインの電車が走行する線路のほうが全然濃度が高く、そこを通って沿線を味わってこそ知ることができるのだ。

東西線や総武線（中央緩行線）の線路は三鷹で終わっているが、中央線の線路はその先の国分寺、立川、八王子といった土地を通り、山梨や長野という中央線が本来目指すべき地点に直結している。そしてもう一方では東京駅という日本の鉄道の中心につながっている。そのルートを通る路線、車窓、街でしか発露されていないものが中央線オーラなのだ。それを、この本の原稿をほぼ書き上げてから認識するとは、今さらながら間抜けなことだった。

私の「ホーム」である山手線とは異なり、「アウェイ」である中央線は、探れど探れど得体が知れず、その底はますます深く感じられる。

各駅停車でそれぞれの街を歩いて、呻吟しながら原稿を書き、そのことをしみじみ実感した。中央線はやはり底なし沼だった。

鈴木伸子

平成二十九年春

参考文献

『中央線がなかったら　見えてくる東京の古層』陣内秀信・三浦展編著／ＮＴＴ出版／二〇一二年
『中央線　オレンジ色の電車今昔50年　甲武鉄道の開業から120年のあゆみ』三好好三・三宅俊彦・塚本雅啓・山口雅人／ＪＴＢパブリッシング／二〇〇八年
『JR中央線の謎学』ロム・インターナショナル／河出書房新社／二〇一五年
『中央線の詩』（上下）朝日新聞東京総局、三沢敦・文、千葉康由・写真／出窓社／二〇〇五、二〇〇六年
『中央線の呪い』三善里沙子／二玄社／一九九四年
『中央線なヒト　沿線文化人類学』三善里沙子／ブロンズ新社／二〇〇〇年
『あゝ新宿――スペクタクルとしての都市』早稲田大学坪内博士記念演劇博物館／二〇一六年
『新宿駅100年のあゆみ――新宿駅開業100周年記念』日本国有鉄道新宿駅／一九八五年
『高円寺　東京新女子街』三浦展＋ＳＭＬ／洋泉社／二〇一〇年
『荻窪風土記』井伏鱒二／新潮文庫／一九八七年
『吉祥寺だけが住みたい街ですか？』（1～3巻）マキヒロチ／講談社／二〇一五、二〇一

六年
『東京風土図〈1〉』産経新聞社会部編／社会思想社／一九六一年
『朝は死んでいた』梶山季之／文藝春秋／一九六二年
『東京都三多摩原人』久住昌之／朝日新聞出版／二〇一六年
『日常を旅する　中央線　三鷹～立川エリアを楽しむガイドブック』萩原百合／けやき出版／二〇一五年
『郊外住宅地の系譜――東京の田園ユートピア』山口廣編／鹿島出版会／一九八七年
『行きつけの店』山口瞳／TBSブリタニカ／一九九三年
『花街・色街・艶な街　色街編』上村敏彦／街と暮らし社／二〇〇八年
『東京の空の下、今日も町歩き』川本三郎、写真・鈴木知之／講談社／二〇〇三年
『中央線とdancyu』（プレジデントムック）プレジデント社／二〇一五年
『東京凸凹地形案内』（太陽の地図帖・1～3）平凡社／二〇一二、二〇一三年
『高円寺フォーク伝説』杉並区立郷土博物館編／一九九六年
『杉並文学館――井伏鱒二と阿佐ケ谷文士』杉並区立郷土博物館編／二〇〇〇年
『名勝小金井（サクラ）現況調査報告書』東京都教育庁生涯学習部文化課／一九九五年
『中央線ものがたり～去りゆくオレンジ色の電車と変わりゆく町～』鉄道博物館編／二〇〇八年
「季刊ユジク」特集・中央線ノスタルジア60's／二〇〇二年夏号／ふゅーじょんぷろだくと